鹿王哨

LU WANG SHAO

悦读好故事系列丛书

李慕雪◎著

安徽师范大学出版社
·芜湖·

图书在版编目(CIP)数据

鹿王哨/李慕雪著.—芜湖:安徽师范大学出版社,2017.3
(悦读好故事)
ISBN 978-7-5676-2692-8

Ⅰ.①鹿… Ⅱ.①李… Ⅲ.①故事－作品集－中国－当代 Ⅳ.①I247.81

中国版本图书馆CIP数据核字(2016)第306082号

鹿 王 哨　　　　李慕雪◎著

责任编辑:汪碧颖　何章艳
装帧设计:任　彤
出版发行:安徽师范大学出版社
　　　　芜湖市九华南路189号安徽师范大学花津校区
网　　址:http://www.ahnupress.com/
发 行 部:0553-3883578　5910327　5910310(传真)
印　　刷:浙江新华数码印务有限公司
版　　次:2017年3月第1版
印　　次:2017年3月第1次印刷
规　　格:700 mm×1000 mm　1/16
印　　张:12
字　　数:174千
书　　号:ISBN 978-7-5676-2692-8
定　　价:30.00元

目　录

第一辑　江湖轶闻

第二辑　现代传奇

第三辑　红尘故事

第四辑　人间真情

第一辑

江湖轶闻

第一辑

鹿 王 哨

闾山镇繁华富庶，背靠老爷岭，一直延绵到人迹罕至的深山。时值深秋，层林尽染，绚丽壮美，正是山货大量出产的时候，各地贩卖草药的客商开始往来交易，络绎不绝。这日，一队威武的官府人马来到此地，为首的男子年少英武，气度不凡，寻常商铺根本不放在眼里，率人直奔叶家庄而去。

叶家庄在闾山镇首屈一指。庄主叶元奎年轻时仗着祖传的猎鹿异术，打下殷实的家底，后因年迈不再进山猎鹿，转行做起商号。他经营的多是人参、灵芝、鹿茸、鹿王麝香等名贵药材，外地客商在别的商号买不到的珍稀之物，在他这里总能如愿以偿。

一行人来到叶家庄，下马叩门。开门的仆人一见是官家，先垂了眉眼，恭敬地问道："几位官爷有何贵干？""烦请通禀，京中少府监冯少府特来拜见叶先生。"这仆人见是京中来人，连忙转回内院禀告。

少府监掌管皇家钱粮，负责皇宫的买办。叶元奎自然不敢怠慢，立刻迎了出来，让进客厅。落座看茶之后，冯少府开口道："本官此次不远而来，是寻一样贵重东西。叶家庄世代相传猎鹿异术，想来此事非得叶先生周全。"

叶元奎拱手道："大人客气，天下一草一木皆是王土。若是需要鹿王麝香、鹿茸,但请吩咐就是。”冯少府微笑着答道:“若是这些寻常物件,本官在京里也就买到了。不瞒先生,当今贵妃娘娘服食金丹进补,近来凤体不适。太医院称是金石之害,要奇效解毒之物。这世间解毒圣品,自然首推蛇头麝了。”叶元奎一听他指明要蛇头麝,脸色为之一变。

蛇头麝是鹿王麝香里极其难得的一种,有解毒换命之效。成年麝鹿的肚脐容易溃烂流血,常于晴日仰卧草地晾晒。溃烂的肚脐腥臭不已,招来飞虫蚊蝇叮食时,麝鹿忽然收缩肚脐,蚊蝇就被裹在里面化作养分,日久就形成了鹿王麝香。裹进蜈蚣蜂蝎形成的鹿王麝香带有红点,是上品红头麝。蛇头麝则是毒蛇过来吮吸时,麝鹿剧痛下猛然收缩肚脐,裹住蛇头狂奔,蛇身被拖断以后,只留蛇头在肚脐内。这样形成的鹿王麝香里面有两颗红珠,就是毒蛇的眼睛,所以又叫双红麝。

叶元奎面露难色,道:“蛇头麝极其难得,小的忠心可鉴,奈何并无珍品可以奉上。”冯少府听了,微微一笑道:“叶先生二十年前就曾用蛇头麝救了京城花魁,抱得美人归,堪称佳话。此番何故推脱?”叶元奎一听脸色突变,暗暗诧异他居然知道这一段旧事。

二十年前,叶元奎曾猎得蛇头麝,带到京师繁华之地,索价百金。本来已经商定卖给一户官宦之家,前去交易途中意外撞见凤鸣阁花魁柳玉奴离奇中毒,眼看性命不保。这柳玉奴生得姿容绝代,世间少有。叶元奎一见倾心,他提出要为柳玉奴赎身。老鸨情知救不活了,乐得白得些银两,写了赎身契约。叶元奎把蛇头麝喂柳玉奴服下,眼看香魂即将消散的美人竟然悠悠转醒,虽然虚弱,性命却是保住了。老鸨这才知道上了叶元奎的当,后悔莫及。

而那大户人家左等右等不见叶元奎,得知蛇头麝被京城第一花魁服用,暴怒不已。原来他家一个弱小孩儿误食毒物,正等蛇头麝救命,那孩儿最后一命呜呼,也只能是徒叹无可奈何了。

柳玉奴死里逃生，看淡了浮华红尘，见叶元奎是个可以依靠之人，便跟着他回到老爷岭，一心一意做了夫妻。两人成婚后，柳玉奴次年便生了一个粉雕玉琢的女儿，取名叶兰儿。叶元奎抱着自家女儿，不免想起那户人家夭折的孩儿，心里极是不安，毕竟是自己先失信于人，这才耽误一条人命。前几年柳玉奴病逝，叶元奎心灰意冷，加上年事已高，猎鹿冒着极大的风险，已经不再进山猎鹿了。

“不是小的推脱，蛇头麝实在是可遇不可求。”叶元奎面露难色道。冯少府吹吹杯子里浮动的茶叶，不疾不徐地说道：“叶家历代相传鹿王哨，倘若先生找不到，天下再找何人？本官也是为宫里办事，这可是有时限的。月底不能回京交差，非但本官不好交代，先生怕也难辞其咎，还是早日谋划为好。”叶元奎听出话外之音，不住拭汗。这时，一对青年男女直闯进来，女孩儿娇憨叫道：“爹爹，表哥不肯陪我进山打野兔，你快骂他！”冯少府一见两人，立刻一愣。

那女孩正是叶兰儿，她相貌酷似其母，又是在远离尘世的深山长大，清丽动人，出尘脱俗。冯少府一见，惊艳不已，暗暗赞叹。旁边的少年一袭青衫，面如冠玉，卓然不群。冯少府脸上忽然布满狐疑之色，开口道：“想必这位就是令爱了，但不知这位青衫公子是叶庄主什么人？”

“乃是小的已故内人娘家表侄，因父母都不在了，便寄养在小的这里。”叶元奎转头吩咐：“长青，快来见过少府大人。”柳长青上前施了一礼。冯少府微微颔首，又看了他两眼，方才告辞。

冯少府一离开，叶兰儿立刻询问是怎么回事。叶元奎把始末一说，叶兰儿不禁蹙起眉头。这种麝鹿每群有一个鹿王，生活在老爷岭腹地的鹰嘴峰。鹰嘴峰不仅奇绝陡峭，还常年生有一种瘴气，时聚时散。麝鹿往来无妨，人碰上却抵抗不了。闻到者轻则昏迷，重则身亡。麝鹿生性警觉敏捷，喜攀悬崖峭壁，寻常根本近不了身，唯有叶家祖传的鹿王哨可以假乱真，能大胆一试。

每年的深秋是麝鹿发情的季节。它们选在耸立云端的峭壁边缘交配。鹿王哨是模仿雌麝鹿发情时的叫声,不住呼唤,以此引诱鹿王出来。吹鹿王哨的人蒙着鹿皮卧在那里,一等鹿王靠近就要手起刀落,一刀命中,不然被鹿王识破了,不但得不到鹿王麝香,还会被鹿王攻击。即使险胜鹿王,但在悬崖峭壁上搏斗,随时有坠入深渊的危险,实在是凶险无比。

"猎鹿固然凶险,到底可以险中求胜。违背了朝廷的意思,只怕叶家庄不保啊!"叶元奎叹息道,叶兰儿一听动了心。鹿王哨世代传承,叶兰儿虽然自幼习得闭息功与鹿王哨,却一次也没有猎过鹿。这次见父亲有意进山,叶兰儿不禁心痒,缠着要去:"父亲到底年纪大了,女儿跟着岂不多个帮手?"

叶元奎不肯答应。柳长青着急地说:"妹妹还是不要涉险,这岂是女孩子家干的营生?要去帮忙的话,也是我给姑父当帮手。""你去会做什么?我去自然有我的道理,我是叶家庄唯一的传人,不跟父亲走上一遭,难不成叶家的鹿王哨到我这里就成了解闷的口技?"叶兰儿豪情万丈地说。叶元奎不禁笑了:"好,这才是我叶元奎的女儿!"

次日一早,冯少府又带人过来。叶元奎道:"现在正是麝鹿发情的季节,小的只有一试。遇到鹿王,必拼死以求鹿王麝香。然而能否猎得蛇头麝,就要看天意了。"冯少府道:"但凡尽力,凡事没有个不成的。事成之后,本官为你美言几句,保你荣华富贵,名动天下。"

叶元奎辨天气,查风向,选了一个薄雾的清晨进山。冯少府一干人与柳长青直跟到老爷岭腹地鹰嘴峰下。叶元奎道:"前面地势险要,况且猎鹿不宜人多,诸位不必涉险,就在此等候吧!"大家止步,柳长青把紧抱的包袱递给叶兰儿,盯着她的眼睛,别有深意地说道:"这包袱我特意整理过,算是略尽寸心。"叶兰儿首次进山猎鹿,心里激动,哪里把这些话放在心上,匆匆点了点头，便跟着叶元奎一路往鹰嘴峰而去。

行至鹰嘴峰半山腰，叶元奎忽然拉住叶兰儿停下。薄雾已经散尽，现在前面居然又出现似烟非烟的白雾。“是瘴气!”叶兰儿吃一惊。叶元奎点头，拉着她伏在石头后等候，说道：“我已经观察过了，今天会有西北风，我们稍候片刻。”

叶兰儿安心等候，没过多久果然刮起西北风，瘴气瞬间被风吹散。叶元奎从包袱里取出湿过药汁的方巾，说道：“把口鼻都蒙上，这瘴气不知什么时候又会跑出来，大意不得。”叶兰儿蒙住口鼻，两人直登峰顶。

叶元奎找了一块凹地，吩咐叶兰儿躲在那里：“这次猎鹿，你只许观摩，不可妄动。若是我有什么不测，切记不可与鹿王缠斗，要速速离开才是。”叶兰儿点头。叶元奎这才拿出一套鹿皮衣帽换上，身上涂了提前备下的雌麝鹿发情的体液，怀里揣了一柄利刃。叶元奎攀上一块突出的半月形巨石，像麝鹿一样俯卧在地。调整气息以后，他忽然发出绵长婉转的呦呦鹿鸣，长长短短的叫声持续不断，传到四面八方。这种叫声与雌麝鹿发情呼唤鹿王时的叫声如出一辙，不差分毫。

叶兰儿屏息注目，过了很久都没动静。叶元奎安然俯卧着，连绵不断地发出鹿鸣。太阳已经高高升起，洒下光辉。就在叶兰儿几乎气馁的时候，忽然树后一个白影一闪，一只遍体雪白的雄麝鹿走了过来，体型比一般麝鹿大许多。叶兰儿立刻激动起来。麝鹿多数为黄褐色，很少有遍体雪白的。她听父亲说过，这种白麝鹿是鹿中极品。白麝鹿的鹿王麝香即使不是蛇头麝，也足以起死回生。看来天佑叶家，这次可以交差了。

叶元奎显然更激动，他压抑着心头狂喜，默默等候。白麝鹿犹疑地停住，站在半月形的岩石下观望。叶元奎声音放低，发出低缓缠绵的鸣叫。白鹿王像是抵抗不了雌麝鹿的诱惑，终于一跃而上，低头蹭他。白鹿王低下头的瞬间脖颈暴露出来，正是猎杀它的好时机。叶元奎握住刀柄，突然暴起抽刀。这时阳光照在锋利的刀刃上，折射的强烈光线一闪，白鹿王已经警觉地跳开后退。

叶元奎一怔，懊恼错失良机，挥着尖刀就直扑过去。白鹿王已经知道上了当，立刻恼怒暴躁起来。它灵活地腾挪两下，瞅准机会就用头来顶叶元奎。叶元奎看出白鹿王是想把他顶下悬崖，当下左躲右闪，疲于自保。

叶兰儿看得目瞪口呆，猎鹿的尖刀向来刀刃锋利，刀身布满锈迹。这样做就是怕折射的光线惊动鹿王，功亏一篑。父亲收拾的包袱昨晚就交给了她，柳长青殷勤地替她保管，没想到他居然自作主张磨亮了刀身！

这时白鹿王忽然挤住叶元奎，往山壁上猛地一撞。几乎是在同一时间，叶元奎手里的尖刀一下捅进白鹿王的脖颈。叶兰儿正要欢呼，却见叶元奎的手没有拔出尖刀，嘴里喷出一口鲜血，襟前一片殷红。白鹿王后退以后，叶元奎没有落地，居然挂在了山壁上。叶兰儿这才发现山壁上有一支突出的尖细石棱，插进了叶元奎的后背。

“爹爹！”叶兰儿心如刀绞，握紧手里的银柄匕首，一跃而起。她早就忘了父亲交代她的话：万一发生不测，速速下山。叶兰儿握着匕首就朝白鹿王冲去。白鹿王见有人来，掉头迎战，故技重演，将头顶过来。叶兰儿急忙侧身躲过，顺手抓住白鹿王脖颈上的刀柄，猛一用力拔了出来。鹿血一下喷涌而出，看来是扎到了血管动脉。

叶兰儿不再与它蛮斗，而是辗转周旋着。白鹿王的鲜血喷涌不止，体力渐渐衰竭，忽然对着山涧发出几声悲怆的哀鸣，然后扑通倒在地上。“快，带上鹿王麝香离开……”叶元奎口里不断涌出鲜血，喘着气说道：“你要当心长青他……”叶兰儿手足无措。叶元奎话没说完就两眼瞪直，没了气息。叶兰儿搂住父亲，大哭不止。

这时，远处忽然飞来一片黄褐色的云，叶兰儿仔细一看，居然是一群雌麝鹿。它们奔跑跳跃，如履平地。叶兰儿抹一把泪，慌忙去割白鹿王的麝香，这是父亲用命换来的，她一定要带回去。叶兰儿将白鹿王麝香装进能隔绝气味的玉盒，紧紧揣在怀里。眨眼间麝鹿群已经近在丈许，叶兰儿错失逃命时机，慌忙伏地装死，用闭息功屏住呼吸。

飞奔而至的麝鹿群围住叶兰儿，闻闻她没有气息，又转过去围着白鹿王转圈，哀鸣。叶兰儿一动不动，屏住呼吸，眼角的余光瞥见那些雌麝鹿不住地蹭白鹿王的尸体。发现鹿王麝香不见以后，雌麝鹿们都仰首对天哀鸣。鸣叫声越来越悲切，停了一会儿，雌麝鹿们居然合力用头把白鹿王顶下悬崖。这时，只见领头的一只雌麝鹿纵身跃下，其余的紧跟其后，一只接一只跳下云雾缭绕的深渊。

叶兰儿被这一景象震慑了：每用鹿王哨猎得一次鹿王麝香，麝鹿们付出的竟是这样惨痛的代价？现在父亲也搭上了性命，叶兰儿不禁怀疑叶家独传鹿王哨到底是福是祸。叶兰儿正在悲切伤神，忽然头上被人重重一击，眼前一黑，昏倒在地。

“叶姑娘，叶姑娘！”叶兰儿迷迷糊糊醒来时，发现正靠在冯少府怀里。冯少府身上脸上多处污渍，显得狼狈不堪。他正焦急不已，一见叶兰儿醒来，顿时喜出望外：“好了，好了，总算醒了！”叶兰儿扭头看到叶元奎的遗体，哭叫了一声：“爹爹！”“如果不是我领皇命而来，叶先生也不会再进山犯险，以致葬身于此，想来都是我害了你们。”冯少府愧疚地说道。

叶兰儿想起白鹿王麝香，慌忙探手去拿，怀里的玉盒却不见了。叶兰儿一惊，连声问：“我的玉盒呢？”冯少府道：“我们在山下等候很长时间，不见你与叶先生下来。柳长青说上来看看状况，一来就不见回去。我放心不下，率人攀上鹰嘴峰，没想到路上忽然生出一种白雾，折损了不少人手。幸好刮来一阵西北风，这才侥幸攀上峰顶。我赶到时，叶先生已经没了气息，叶姑娘也昏迷不醒，并没见有什么玉盒。”

叶兰儿大吃一惊，联想到柳长青磨亮猎鹿尖刀与父亲临死时“你要当心……”的遗言，顿时明白了：是柳长青击昏她，夺走了白鹿王麝香！看来父亲早就察觉到他的不轨之心，临死才让自己当心他。可是他为什么要这么做？叶兰儿与柳长青相伴几年，早就暗生情愫，现在突然发生这样的巨变，叶兰儿一时难以接受。

叶兰儿把白鹿王麝香得而复失的前后说了一遍，冯少府感慨：“白鹿王麝香千金难求，任谁见了也无法不动心。柳长青在你家终究只是寄人篱下，有机会谋得百金自立门户，当然不会放过这个机会。想必此时他已远走高飞，回复皇命之事，只好稍后再做打算。”叶兰儿心如刀绞。冯少府命人抬上叶元奎的遗体，自己搀扶了叶兰儿，一行人往山下而来。

路上瘴气已散，沿途不时看到冯少府中毒暴毙的部下倒在一旁，叶兰儿看得触目惊心。冯少府面色凄然，吩咐手下：“下山之后，雇几名熟悉地形的猎户，务必把弟兄们的尸首带下山，送回京中原籍。”叶兰儿转过头看他一眼，冯少府在这样的处境下依然淡定不俗，体恤下属，实在令人敬佩。叶兰儿一开始对他的成见与抵触，渐渐地缓解了许多。

叶元奎一死，柳长青下落不明，叶家顿时没了主心骨。叶兰儿虽有巾帼气概，但到底是个天真烂漫的女孩子，处理俗务不得头绪。冯少府联合衙门发布通缉柳长青的布告之后，就留在叶家庄，帮忙张罗叶元奎的后事，对叶兰儿更是百般宽慰、殷勤体贴。叶兰儿隐约察觉到他的心意，只是心中正为柳长青愁肠百转，只佯装不知。

眼看回京复命的时间到了，柳长青却音信全无。冯少府面有不舍之色，说道：“找不到柳长青就无法复命，官职难保倒是其次，只怕龙颜一怒，项上人头也是任由其割取。叶姑娘好生保重，只怕后会无期了！”叶兰儿一听，不禁心下凄然：“此事原出意料之外，与圣上讲明原委就是。”

冯少府苦笑：“凡辱没使命之事，必有个中缘由。这样的话只会被当作辩白之词，做不得用的。”叶兰儿生性纯良，不肯因为柳长青劫取了白鹿王麝香，就枉送了冯少府的性命，沉吟片刻后，说道："我愿意跟你一同进京，为你作证。等找到柳长青，自然真相大白。"冯少府大喜："此话当真？"

叶兰儿乘着软轿，跟着冯少府进了京，在冯府落脚。冯少府安排她住下，三奴六婢地照顾着。他自己先到衙门打点，周旋事宜。叶兰儿午间在房内养神，隐约听到窗外两个仆人说话。

一个说："这叶兰儿长得真像她母亲，真不愧是当年京城第一花魁的女儿！这样的绝色，只要献上，皇上一见就恨不得抱在怀里，赏赐都来不及，还治什么罪啊！"另一个窃笑："咱们大人这主意真想绝了，找不到解毒圣品，却用这国色天香的美人儿顶替，说不定还能升官呢！"两人正在说笑，似乎过来一个管事的，大声呵斥："你们乱讲些什么？不要命了？"两人这才噤声。

叶兰儿大吃一惊：难道冯少府的百般体贴只是处心积虑地骗她进京，以兰代麝？

冯少府回来后神采飞扬，说是已经找朝中梁大人疏通关节，只等叶兰儿亲自面圣，陈述证词了。叶兰儿冷哼一声："我原本敬你仁义廉正，没想到是个寡廉鲜耻、以女色自保的无耻小人！"

冯少府见被她识破，也不再伪装，哈哈大笑道："叶姑娘此言差矣，一朝选在君王侧，是多少女子梦寐以求的事，你该感谢我才是。"叶兰儿冷笑道："你倒打得一手好算盘，也不问我答不答应！"冯少府嘴角含笑，胜券在握："既来了我这里，怕就由不得你了！"

叶兰儿见门外三步一哨、五步一岗，根本出不去一步，于是假意道："皇宫是什么样的地方？圣上阅尽春色，要想隆恩眷顾，哪有那么容易？""你这样想就对了！从今往后你就是我的堂妹，咱们'兄妹'联手，今后朝堂后宫，谁不看咱们的眼色行事？"冯少府得意地笑，料定叶兰儿先前也不过是作态罢了。这世上还有人不愿意过荣华富贵的日子？

"寻常引荐，难以惊艳，我倒有一个法子，定能让皇上一见倾心。"叶兰儿道出一个计划。冯少府听了,面露喜色。

次日,冯少府带着叶兰儿跟随梁大人进宫。梁大人应允冯少府与叶兰儿的计划,安排叶兰儿在鹿苑候驾,他则带着冯少府面圣。见到皇上后,梁大人便撺掇皇上到鹿苑来,称有意外之喜。皇上闲来无事,正愁找不到乐子,于是欣然摆驾鹿苑。

鹿苑壮丽辽阔,草木山石秀美,不时有成群麝鹿出没。一行人跟着圣驾来到湖边,远远只见一朵硕大荷花落在湖心山石高处,花瓣合拢,恰是含苞未放。忽然从花苞里传出呦呦鹿鸣,绵长悠远。周围的麝鹿慢慢围拢过来,听到花苞里的鹿鸣,它们都呦呦鸣叫回应,或低回婉转,或高亢响亮,极是有趣。

"花苞里可是困了一头麝鹿?"皇上好奇地问道。梁大人呵呵笑道:"皇上请看。"这时花瓣慢慢绽开,候在一旁的冯少府大吃一惊。按照计划,此时叶兰儿当羽衣霓裳起舞,如仙子临尘、嫦娥出世。此时却只见叶兰儿一身鹿皮,俯卧在地,一动不动。

皇上沉吟不语,只见叶兰儿继续低低发出鹿鸣。这时,一只体型硕大的雄麝鹿越过鹿群走出来,它犹疑一会,一路踏着水中浮出的圆形石块,跃上湖心山石。它低下头去蹭叶兰儿,叶兰儿陡然暴起,一刀划过鹿王的脖颈。鹿王意识到上了当,但是为时已晚,一道血线立刻显现出来,忽然鲜血喷涌而出。鹿王扑通倒地后,其他雌麝鹿立刻不停地哀鸣。

皇上龙颜大惊,怒道:"此乃何人? 如此大胆!"左右侍卫连忙护驾,严阵以待。叶兰儿丢了尖刀,走过来扑通一声跪下,含泪说道:"皇上恕罪,民女叶兰儿是鹿王哨传人,刚才所施正是猎鹿绝技鹿王哨。为了极品鹿王麝香,家父葬身鹰嘴峰,表兄起心反目。因为无法复命,冯少府又生'以兰代麝'之计,谎称我是他堂妹,将我进献给皇上。叶家庄已是凋落秋木,兰儿不求荣华富贵,但求皇上开恩,放民女回去。"

“抬起头来!”皇上威严地说道。叶兰儿缓缓抬头,泪痕沾腮,恰如梨花新雨。皇上一见她的绝色,立刻怔在那里。冯少府这才明白叶兰儿的用心,慌忙跪倒在地:“皇上恕罪,白鹿王麝香本来已经得手,怎奈柳长青起了私心,夺了白鹿王麝香潜逃。小的无奈才出此下策,请皇上开恩。”

皇上沉吟不语,一旁的梁大人见状,说道:“老臣今日带了一人觐见,皇上不妨见过这人再做定夺。”皇上颔首。小太监急匆匆去宣旨,一会儿领着一位少年进来。叶兰儿大吃一惊,那人青衫玉立,居然是柳长青。

冯少府一下子面色惨白。柳长青看他一眼,朝御前拜了下去:“草民柳长青叩见皇上,草民潜逃不假,却并非如冯少府所说。冯少府居心叵测,借朝廷征收珍稀药材之机公报私仇。猎鹿凶险无比,死在鹿王之手当然更好。若是侥幸逃脱,冯少府也定会杀人灭口,当作坠崖上报。猎鹿得手后,冯少府就打晕叶兰儿,夺了鹿王麝香。尽管我早有防范,还是难敌其手。我当时想只要得不到鹿王麝香,冯少府一定会设法让兰儿再去猎鹿,不至于即刻下毒手,于是就夺过鹿王麝香跳下悬崖,万幸被树枝挂住,竟得不死。眼看兰儿被他蒙蔽,只好先进京喊冤,多亏遇上梁大人。”叶兰儿听得又惊又喜。冯少府反驳道:“叶家庄与我无冤无仇,我为什么要杀人灭口?”

梁大人冷哼一声,说:“二十年前,花魁柳玉奴名动京城。你父亲与一位姓刘的富家子弟争风吃醋,那柳玉奴钟情于后者。你父亲气量狭小,不惜拚得玉碎,暗中对柳玉奴下毒。没想到害人害己,当时你一位幼弟居然误食了剩下的鹤顶红。恰逢叶元奎进京出售蛇头麝,误打误撞救了柳玉奴。你那幼弟没有解毒奇药,一命呜呼。你父亲迁怒于刘姓一家,不惜暗中陷害,以报此仇。你更是耿耿于怀,连叶元奎也要赶尽杀绝。”

“小人正是刘家之后,当年因寄养寺院,逃得一劫,一直辗转流离。柳玉奴得知我父亲为她家破人亡,心中不忍,一直多方打探我的下落。前几年找到我,称是娘家表侄,留我在叶家庄勤勉读书,以期雪冤。草民句句属实,请皇上做主。”柳长青长跪不起，道出实情，冯少府颓然倒地。皇上听得震怒不已，立刻命人将冯少府收监。

“表哥……”叶兰儿听得惊心动魄，颤声道：“既是如此，你为何在猎鹿尖刀上动手脚，误了爹爹性命？”柳长青眼中噙泪，悲怆不已：“当时你们上鹰嘴峰可谓凶险至极，我却一点忙也帮不上，心里不安，这才特意找你要替你代管包袱。我发现猎鹿尖刀的刀身锈迹斑斑，特意磨亮尖刀，原想略尽绵力，没想到反而弄巧成拙。”

叶兰儿恍然大悟，原来是这么回事。当时混乱不堪，她是受冯少府的煽动才误解了柳长青。看来父亲临终的遗言是她断句有误，不是“你要当心长青，他……”，而是“你要当心，长青他……”，父亲是要提醒她当心雌麝鹿复仇，想要说出长青的身世却来不及了。

这时大家忽然被哀绝的鹿鸣吸引，只见雌麝鹿们围着死去的鹿王转圈，仰天哀鸣。叶兰儿面色一变，说道：“不好，它们要为鹿王殉情！”话刚落音，一只又一只的雌麝鹿纵下山石，跳进湖水里。湖水立刻没顶，留下一串串汩汩冒出的水泡。皇上被这场面震慑。

叶兰儿经过这一番巨变，动容地说道：“人心险恶，尔虞我诈，倒不如麝鹿重情重义。鹿王哨自我而绝，从此不复人间了。”说罢拿出一个白瓷瓶子，仰头倒进嘴里。“兰儿，兰儿！”柳长青焦急地大叫。皇上慌忙说道：“快传御医！”

叶兰儿喝的是哑药。太医轮番诊治，已是回天无力。柳长青潸然泪下，拉住叶兰儿的手不放。叶兰儿看他一眼，显得平静而坚定。她索要纸笔，写下四句话呈给皇上：“呦呦鹿鸣，昭昭深情。以死相随，愿共此生。”叶兰儿借麝鹿明志，委婉地表明愿意跟着柳长青去过平凡宁静的生活。皇上颇受震动，成全了她的一片深情。

柳长青带着再也不能开口说话的叶兰儿离开京城，归隐山林。鹿王哨从此绝迹于世。

大清消防队

光绪六年(1880年)的一个夏夜,温州城里的百姓都在闷热中渐渐沉睡。只有唐瘸子还一手拎着铜锣,一手提着明瓦灯笼,在松枝巷踽踽而行。走到拐角处,唐瘸子忽然闻到一阵焦煳味,大团大团的浓烟正从对面的老梅巷翻滚而来。唐瘸子一把抽出别在腰里的铜钹,咣当咣当死命敲起来,大声喊:“走水了,走水了!”

周围的住户听到铜锣响,大人叫,孩子哭,都急忙起来了。当地有句老话“青田怕水推,温州怕火煨”,说的就是瓯江上游的青田常有山洪暴发,而温州民居密集,最怕的就是火灾了。官府的灭火队形同虚设,只能太平时检查下火灾隐患,起了火就不济事了。民众为了自救,通常以街道巷子各自为营,组成自己的救火队。

松枝巷的救火队是唐瘸子一手拉起来的,这两年他年纪大了,就交给儿子唐绍青经管。唐绍青把救火队改叫义龙队,组织一帮年轻后生,隔三差五地拉出来演练一回,搞得煞有介事。这铜锣响了没多久,唐绍青的义龙队就抬着挪龙,声势浩大地赶来了。

挪龙是一种人力操作的杠杆水泵,一头连着巨大的木桶,一头连着皮管。义龙队队员源源不断地取水倒在大木桶里,两个身强力壮的后生一上一下压着杠杆,水柱能喷出一二十米的射程。这在当时已经是很了不起的消防设备了。唐瘸子虎老余威在,冷静地指挥:“把龙头瞄准松枝巷靠街的这排房子,反复浇,都淋透了。”把龙头的答应一声,强大的水柱喷射而出。

唐瘸子这么做是为了隔出防火带,以免大火借着风势扑到这边来。围观的群众心知肚明,都不说话。老梅巷住的都是在这里经商的宁波人,他们财大气粗,又拉帮抱团,平时和松枝巷就来往不多,现在只能伸着脖子等候他们自己的水龙队。好在不多时咚咚咚一阵鼓声,陈记商号的掌柜陈有年带着水龙队赶来了。

两支救火队一比,立见高下。陈有年的挪龙是铜质的,底座安着四个小轱辘,推着就能跑起来。后面连着一条长长的皮管,直接伸到井里,这就节省了大量的人力。对于唐瘸子的自扫门前雪,陈有年冷笑两声作罢。唐瘸子做过木匠,松枝巷的挪龙是仿照老梅巷之前的挪龙照虎画猫,自己捣鼓出来的,而他这架铜龙可是刚刚花巨资购买的。

陈有年成竹在胸,吩咐伙计:“去禀新任府尹梁大人,就说老梅巷走了水,刚好演练演练铜龙,请大人来观赏。另外,让厨子备下酒席,灭火之后我要给梁大人压惊。”伙计答应一声,分头忙碌。铜龙很快架起来了,意外的是杠杆处的机括出了问题。

“赶紧修,养着你们有什么用?”陈有年恼怒地斥骂。伙计苦着脸,说道:“掌柜的,这个一时半会儿修不好,里面的滚槽坏了,可能是路上颠簸所致!”陈有年一听变了脸色,之前的旧挪龙已经被他低价卖到一个乡下村庄了。经商的多会算计,为了省下库房租金,一般都把货物屯在住所。万一老梅巷火烧起来,那后果就不堪设想了。

其实,只要松枝巷的挪龙偏一偏,这场大火就可扑灭。陈有年有心求唐瘸子相助,又拉不下老脸。这时他女儿锦心款步过来,朝唐瘸子施了一礼,说道:“水火无情,人自有义,请老伯出手,救救老梅巷。”这句“水火无情,人自有义”,正是松枝巷义龙队的口号。唐瘸子却装作没听见。

唐绍青见锦心这么说,就和爹爹商量:“爹,要不就把龙头偏一偏?他们那边可都是值钱的货物。”唐瘸子登时大骂起来:“不长记性的东西!他们的货物值钱,还是我们的命值钱?”此话一出,唐绍青哑口无言。陈有年脸上顿时青一阵红一阵。

“老伯,大火并未烧到松枝巷。你叫人偏一偏龙头,实在是百利而无一害,我们大伙会记得你的恩情!”锦心继续游说,激将道:“倘若见死不救,岂不是违背了义龙队的义字?”唐瘸子油盐不进,冷笑数声,并不答话。这时一阵喧闹,官差一路小跑在前面开道,梁大人来了。

这下陈有年底气足了,说道:“锦儿,不必低声下气求人。梁大人爱民如子,料他不会不管。”这梁大人上任不足一月,日前已得过陈有年的孝敬。查看现场后,梁大人果然说道:“邻里相处,如唇齿相依,岂有隔岸观火之理?哪位是义龙队管事的?”“是草民。”唐瘸子护着儿子,自己抢先跪下,说道:“大人所言极是,只是不知不顾邻里之情,隔岸观火,该当何罪?”

梁大人没料到他有此一问,微微一怔,恼怒地说道:“你这老小儿好没道理!本官尚未说话,你倒着恼!莫非要本官带你回府衙,棍棒伺候才消停吗?”“大人恕罪,容小的回禀!”唐绍青唯恐父亲获罪,扑通一声跪倒在地,悲诉前情。

这话要从十年前说起。那日,唐绍青家中不慎走水,母亲与一个年幼妹妹都被困在里面。当时只有街对面的陈有年有架挪龙,陈有年命人喷洒老梅巷临街的房子,以此自保。唐绍青父子跪在他跟前磕头,求他偏一偏龙头,救救自己被困火海的家人,但陈有年不为所动。唐瘸子情急之下冲进火海,结果被掉下的房梁砸成残疾,也没能救出妻女。

“大人体恤,这场大火留给家父的,不仅是身体残疾和一个‘瘸子’绰号,还有刻骨铭心的伤痛啊!”唐绍青动情地说,“家父这十年不但义务打更,更是倾尽所有造出一架挪龙,为乡亲救火,分文不取。他早已年老体衰,义龙队目前是小的在经管。倘若大人一定要治罪,就拿小的治罪吧!”听完这番话,梁大人沉吟不语。

陈有年额上冷汗直下,急忙跪下:“回大人,小的实在情非得已。一干伙计拖家带口追随我,倘有闪失,我怎么养活他们?我断不能弃他们于不顾啊!”“这些稍后再论,”梁大人看一眼越来越大的火势,问唐绍青,“现在本官征用你的挪龙灭火,你可愿意吗?”唐绍青伏地叩头:“但凭大人吩咐,小的无不从命!”明明大火有救,陈有年却顿时变了脸色。

义龙队队员训练有素,在唐绍青的带领下,很快就把大火扑灭了。梁大人不住颔首,询问木质挪龙的造价。唐绍青说:“这架挪龙乃家父反复揣摩,仿造而成。虽然普通人家孤力难成,但只要有足够木材,倒也不是十分困难之事。”“如此甚好,”梁大人喜形于色,“本官承上头的意思,正要兴办水龙会。预计十户为一队,每两队配一架挪龙,队队首尾相顾。如此一来,定能彻底消除火灾隐患。”

“大人此举,真是造福于民,惠及百年!”唐绍青由衷地敬佩。梁大人捻须而笑,略一沉吟,说道:“陈有年提供的铜龙虽然简便,却造价不菲,又易出故障,倒不如你们这土龙来得实惠。也罢,本官就委任你为水龙会会长。你放手去做这件事,所用木材花费以及日后修葺费用,都由府衙支付!”唐绍青伏地叩头,感激不已。

这大大出乎唐瘸子的意料,没料到一场火灾,反而让儿子抢了陈有年的会长,得以出人头地。广造挪龙也是造福乡里的好事,唐瘸子立刻应承下来,带着几个木匠赶造挪龙。眼看着一架架挪龙立起来,唐瘸子眼眶泛红,感慨道:“家里走水之前,你娘做了个梦,告诉我一条龙从咱家屋顶腾空而去,半道被雷打掉了龙角。龙走了,水哪里还有?这就是要走水的兆头啊!

若是当年有这些挪龙在,你母亲和你妹妹也不至于葬身火海!”

“爹爹放心,儿子以后也是出得场面的人物了,一定让爹爹晚年好好享一享清福!”唐绍青信誓旦旦地承诺,唐瘸子倍感欣慰。“青哥!”随着一声清脆的女声,锦心抬脚进来,身后还跟着一个捧着食盒的丫头。唐绍青急忙转身,笑吟吟地迎上去。唐瘸子的脸顿时拉下来。锦心最近来得勤,不是送吃的,就是送喝的。唐瘸子 眼就把她的心思看透了:锦心这是看上他家绍青了。

锦心走后,唐瘸子说道:“男大当婚,你也到了娶房媳妇的时候了。我明儿就去托刘媒婆,替你留心一个好的,以后莫和仇家的女儿拉拉扯扯。”“失火那年,锦心还在老家,根本没到温州来呢!姓陈的所为,怎么能算在她身上?”唐绍青不悦,“再说,刘媒婆见过什么好的?莫不是王屠户的女儿?还是豆腐张的蠢丫头?她们哪个比得上锦心识文断字,又大方得体。”

“你小子莫要打错了主意!”唐瘸子顿时火冒三丈,“就是咱们不计前嫌,陈有年只有这一个女儿,也不会许配给你这个穷小子!”

这件事再次出乎唐瘸子的意料,他忘了儿子今非昔比,现在也是在府衙吃一份粮饷的人了。唐绍青不顾父亲反对,自己请媒人上门提亲。陈有年一口就应承了下来。

唐绍青和锦心的婚事,办得极尽奢华。陈有年请梁大人当主婚人,并在老梅巷买下一栋大宅,专门给女儿女婿居住。自己的儿子给仇人做了上门女婿,唐瘸子一气之下病倒了。唐绍青挨了几次骂,不敢再回来,一日三餐只派小丫头来送饭。

这天,唐瘸子有气无力地躺着,只听门吱呀一声开了,有人不紧不慢地走进来。唐瘸子只当是小丫头来送饭,也没理会。半天只听嘿嘿两声干笑,居然是陈有年来了,陈有年虚情假意地说道:“亲家好呀,听闻亲家身体不适,老夫特来探望探望!”

唐瘸子一看见他的嘴脸，就忍不住想起葬身火海的妻子和女儿，气愤地说道："我不是你什么亲家，没事就请回吧，莫要站脏了我的地！""你这又是何苦？"陈有年不请自坐，淡淡笑道，"既然成了亲戚，就不要再计较以前的事。我一时私心自保，亏负于你，但你们父子设套算计我，还不能扯平吗？"

唐瘸子冷笑道："我一辈子行得端，做得正，怎么设套算计你了？"陈有年说道："老梅巷那场火，是绍青有意放的吧？我大人大量，还肯招他做女婿。我但凡捅给梁大人，只怕你儿子现在在大牢里呢！"唐瘸子大吃一惊，坐了起来："你说什么？你可不要含血喷人！"

"此事锦心已告诉我了，你不必再装腔作势。"陈有年说。据他说唐绍青一早就在打锦心的主意，把锦心哄得团团转。唐绍青得知陈有年为了水龙会一职，斥巨资购置了铜龙，就在锦心面前假意分手，垂泪道："妹妹是神仙一样的人物，家境又好，令尊是万万不肯把你许配给我的。从今往后咱们撩开手，我再不敢耽误妹妹的姻缘前程了！"锦心自然啼哭不肯。他说有一计可成，不知锦心依不依。

唐瘸子忍不住脱口而出："什么计？""绍青让锦心制造机会，好让他接近铜龙，破坏机括。然后绍青在老梅巷纵火，演出了一场以德报怨的好戏，深得梁大人赞许。"陈有年面露笑意，说道："我倒也不怪他，是龙总要飞出来的，压也压不住。我膝下无子，当然也想找个能做臂膀的女婿。绍青心机远胜于我，前途不可限量。我只纳罕你这样一个老犟物，怎么会生出如此心智玲珑的儿子来？"

唐瘸子呆了半晌，一句话也答不出来。他忽然想起妻子去世前的那个梦，一条龙从他家屋顶腾空而去。莫非不是走水的征兆，而是预示唐绍青的飞黄腾达？那么飞到半道被雷打折了龙角，又是什么意思？

唐瘸子躺不住了，他得盯着儿子才放心，起身来到了赶造挪龙的场地。只见几个木匠还在日夜赶制，其中一架挪龙真的以腾龙姿态雕成，龙头上跨坐着身披混天绫的哪吒。哪吒一手举着乾坤圈，一手擒住龙头，流水一经压过来，就从龙嘴喷射而出。挪龙居然还能做得如此精美，唐瘸子连连咋舌，说道："你们倒有这情致，挪龙主要就是喷水灭火，搞这些名堂有什么用？"

"这是会长吩咐做的，好像是梁大人要进贡给太后做寿辰贺礼的。"木匠答。唐瘸子问："会长人呢？""会长和陈掌柜去府衙，走了半天了。"唐瘸子听了不语，踱到另一排造型简易的挪龙前一看，不禁火上心头。制造挪龙必须要用材质极密的柳木，可这些除了桐木就是杨木，哪是做这个的材料？

这时唐绍青从外面回来了。唐瘸子已经顾不上先前那茬了，气急败坏地质问更换木料的事。唐绍青为难地说："梁大人一再催促，要在太后寿辰之前赶出百架挪龙，一下子哪有那么多柳木？万一耽搁下来，我怎么担待得起？"唐瘸子听儿子说的在理。唐绍青安慰他，用桐木、杨木聊胜于无。好在每年府衙还有专门的修葺款项，慢慢替换不迟。事到如今，唐瘸子无可奈何。

哪吒戏龙王的挪龙一送到宫里，老太后就合不拢嘴，命人摆在御花园里喷水，一拨拨请人来看。梁大人不失时机地上报水龙会事宜。皇上龙颜大悦，不仅犒赏了梁大人，对唐绍青也有褒奖。唐绍青一朝富贵显达，真应了平步青云那句话。陈有年越发觉得自己押对了宝。唐绍青开始慢慢耽于享乐应酬，排查演练等事不甚上心了，甚至修葺款拨下来后，也没见他有什么动静。唐瘸子看在眼里，急在心头。

这年冬天干燥少雨，唐瘸子几次催促儿子整顿水龙会无果，只好又开始拎着铜锣上夜。他最担心的事终于发生了。当唐瘸子发现火烧起来时，照例咣当咣当死命敲起铜锣。按照他的想法，增加了那么多架挪龙，一定不费吹灰之力就能灭了大火。哪知抬出来的挪龙不是残缺不全，就是木质疏松，压两下就咔嚓断了，转眼大火就熊熊烧过了两条街。唐瘸子看见儿子张皇奔走，就知道这下全完了。

温州火烧连营,一连上百户民众受损,震惊了朝野。梁大人连降三级,被贬到一个穷乡僻壤做小官去了。唐绍青被割去府衙饷银,在大牢关了半年才放回家。陈有年在这次大火中损失几家商号,元气大伤,气得一病不起。倒是锦心照常安稳过日子,宽慰夫婿、高堂:“高官厚禄,哪有个穷尽?人心知足了,凡事就安乐。”唐瘸子至此才真正放了心,雷打折龙角只是丢了官帽,他已经很感念上天的庇佑了。

雁鸣迷魂荡

辽西盘蛇驿一带水草广袤，历来是大清牧放官马场，设有衙门总管。运河两岸有延绵百里的芦花荡，每到深秋时节，必有大量南迁的雁群在此落脚。当地猎户历代以打雁为生，被称为雁民，过着逍遥散淡的生活，然而到了光绪年间，雁民中屡屡出现打劫过往商船的事件，以致后来形成“雁帮”，专门潜伏芦苇荡中做些杀人越货的无本买卖。

巴云图驻守盘蛇驿，多次带兵围剿。但芦苇荡地形复杂，其中水路蜿蜒交错，四通八达，素有迷魂荡之称。官兵进荡之后不是遭了伏击，就是困在里面转不出来，几番出兵连雁帮的老巢都没找到。朝廷闻之大怒，派出一支精锐军队赶赴盘蛇驿，要一举歼灭雁帮。局势这般紧张，却依然有商船往返，这日便有两艘商船结伴而行。

贩布的中年掌柜见空中有雁群飞过，说道：“雁阵从容不乱，可见芦花荡中并无不妥。早知省下二十两雁哨钱，岂不多赚些？”原来当地有股势力和雁帮有来往，只要找到门路花二十两银子买一只造型奇特的雁哨，就如得了护身符。途中但见芦苇丛有异样，只要一吹这哨子，雁帮就明白是交过保护费的，自然通行无阻，出了芦花荡，自会有人验证收回。

“雁帮原是些乌合之众,巴云图庸碌无能才久攻不下,精兵将至,他们岂敢冒犯朝廷天威!”贩药材的掌柜年轻气盛,语气颇为不屑。贩布的立刻劝道:“罢了,此处已是雁帮势力之内,凡事小心!”年轻掌柜闻之一怔,兀自强撑道:“怕他怎的?”话没落音,只见前面芦苇无风而动,飒飒作响,摇得芦花鹅毛大雪般飘舞。两人对望一眼,隐约知道了怎么回事。

中年掌柜走在前面,一路吹着骨哨,呜咽哀婉如雁啼一般,安然驶过。轮到贩药材的年轻掌柜,吹起来却是尖锐刺耳,全然不是一回事。“先前只觉得小爷好大口气,现在看来,胆色也不小!”这时芦苇丛转出一排架满弩箭的舢板,上面的人身穿蓑衣,头戴雁翎,个个手执利刃。为首的是个三十多岁的方脸汉子,似笑非笑道。

年轻掌柜暗暗惊异,怪不得雁群飞过都察觉不到这些人,他们伪装得天衣无缝,若不主动现身,只怕到了身边也察觉不出。“在下姓卢,人称六郎,做些药材小买卖。适才已买过雁哨,劳烦各位兄弟空走一遭。”卢六郎一拱手,不卑不亢地回道。方脸汉子一听,冷笑道:“这般就想蒙混过关,当我们雁帮兄弟是死人吗?胡乱弄只哨子充数,想必你是寿星上吊,活够了!”

“此话怎讲?”卢六郎这才慌了,说道,“这雁哨明明是我花二十两白银,从一个秃头那买来的,你若不信,只管问问这位贩布的大哥!”那贩布的掌柜见卢六郎遭了事端,早就两腿发软,说道:“小兄弟贪逞口舌之快,还不快向各位好汉赔个不是?在下还有要事,先走一步了!”说着急命船家开船,鬼催着一般去了。卢六郎又气又急,说道:“莫非那秃贼诓了我?在下愿随诸位面见大当家,讲明原委。”

“不必了!”方脸汉子面露杀机,说道,“兄弟们奉命行事,只认哨子不认人。阁下勿怨,到了黄泉要索命,只管去找哄骗你二十两银子的人罢!”说着扬起明晃晃的大刀,朝着卢六郎劈面就砍下来。卢六郎来不及多想,翻身跳进水里,一个猛子扎了下去。

卢六郎仗着幼时在河里摸鱼虾练出的水性，一口气游出数丈。雁帮伙计纷纷追上来，拿刀在水里胡戳乱刺。卢六郎慌不择路进了岔道，七拐八弯，居然暂时甩掉了那些人，正要松口气，忽然头顶一紧，被人拎出了水面。卢六郎张嘴要叫，又被一只纤手捂住了嘴巴，这才看清拎他的是个五十多岁的老者，捂他嘴的倒是个妙龄少女。

“别叫，叫就没命了！”少女低声说道。老者将他拉上竹筏，用一只竹筐罩住。这时雁帮的人已经追上来了，问道：“江老爹，雁儿姑娘，你们可曾看到有人过来？”“人没有，大雁就有一群，可惜被你们吓飞了！”那少女不满地说道。雁帮伙计嘿嘿笑了，那江老爹说道：“白守了半天，雁儿，我们回去罢！”雁儿答应一声，撑着竹筏拐进一条弯弯曲曲的小路。

一直划出很远，江老爹才说：“出来吧，这里安全了！”卢六郎闻言钻出竹筐，连声道谢：“多谢两位救命之恩！”江老爹并不理睬。雁儿一双明眸瞅着他，说道：“你这样大胆，不买雁哨就想从这迷魂荡过去？”卢六郎一听，委屈地说道：“我原买了的，不知怎的不管用，他们根本不容我辩解！”说着递上雁哨，雁儿一看，扑哧笑了：“你这哪里是雁哨？”

雁儿说雁哨是用野雁头骨做成的，所以吹出的声响如孤雁啼鸣，猎雁时可以诱骗雁群。雁帮的雁哨刻有标记，符号半月一换，旁人根本无法蒙混过关。卢六郎的这只雁哨是用野鸭子头骨做的，拿这个过迷魂荡，可不是拿命来赌吗？卢六郎听完，急忙说道：“这么说来，我岂不是被人捉弄了吗？白花二十两是小事，险些丢了性命！”

“往前不远就能出芦花荡了，你早些上岸去吧！”江老爹说道。卢六郎忽然双膝跪下：“老爹，我知道你和那些人相识。求你代为引荐，我要见雁帮大当家的，陈述缘由，讨回我一船药材！”江老爹很诧异：“你还想讨回药材？你当那帮浑人的地界是能讨价还价的吗？”

“家父早逝，家母独自抚养我长大。这次为做生意，连仅有的几顷薄地也变卖了。我若空手而回,有何面目去见老母?不如死在这迷魂荡罢了!”卢六郎言辞恳切,眼角似有泪光。雁儿动容地说:“卢大哥,你先别急,我们慢慢想办法。”“有甚办法?”江老爹说道,“雁儿,莫管闲事!”“爹爹!天也不早了,卢大哥一身湿衣,又受了惊吓,总得换身衣服,喝口姜茶暖暖吧?”雁儿一急,江老爹就没了脾气,半天才说:“只住一晚,我们那里岂是能留人的?”

“哎!”雁儿痛痛快快答应一声,卢六郎勉强道了谢,依然愁眉不展。雁儿趁江老爹不备,悄悄地对他说道:“你莫着急,我大哥就在雁帮做事,想必能为你说上话。”卢六郎又惊又喜:“当真?若能拿回药材,雁儿姑娘可就是我的活菩萨了!我为你立功德牌,让我的子子孙孙都供奉你!”雁儿抿唇一笑,再不言语了。

雁儿和江老爹住在芦花荡外不远,一架简易竹桥连接岸上,上岸不久就来到一所小小院落。几间房屋虽然破旧,倒也整洁干净。卢六郎换了衣服,喝了雁儿煮的姜茶,身上才暖和过来,当晚就留宿在这里。饭后闲谈,卢六郎从雁儿口中得知她哥哥叫江白鸥,因为入了雁帮,江老爹一怒之下不肯认他这个儿子了。

到了晚上,院子里聚集了不少身穿蓑衣、头戴雁翎的老猎户,正在轻手轻脚地准备家伙。雁儿笑道:“我们要去‘打孤雁’,你要不要去?”卢六郎好奇之心顿起,穿上行头跟众人一起上了竹筏。只见一排六张竹筏鱼贯前行,每张竹筏上都有两人,架有排箭。卢六郎好奇这么多人一起去,雁儿说道:“打孤雁就要人多,乡亲们合力才能有大收获!”

竹排渐渐进入芦花荡深处,江老爹经验丰富,担任整个队伍的领导者。他看准了一大丛芦苇,打个手势,六张竹筏散开,慢慢围住这丛芦苇。所有人都屏声静气。借着微弱的星光,卢六郎看到芦苇丛中栖息着大量野雁。其中一只野雁警惕地来回巡视,守护着整个雁群。雁儿低声说道:“这个就是雁奴,专门放哨的,我们要打的就是它!”

这时,旁边忽然一阵光亮,卢六郎一惊,江老爹居然点起了火把!那只放哨的雁奴一见火光,果然立刻扑棱着鸣叫起来。这时江老爹迅速将火把摁在水里,火光瞬间熄灭了。雁群已经被惊醒,发现周围没有异样,很快安静下来。江老爹耐心等了很久,再次点起火把。雁奴一见,立刻再次鸣叫示警。江老爹故技重施,又将火把熄灭了。雁群醒后发觉再次上当,有几只大雁愤怒地啄了雁奴几下泄愤,然后才安静下来。

直到雁群再次沉睡,江老爹才在黑暗中眯着眼睛,拉开弓一箭射穿了雁奴!雁奴临死前虽然鸣叫挣扎了几下,但雁群早就放松了警惕,这次再也没有一只大雁惊觉。就在这时,六张竹排上的排箭一齐发射,雁群惊叫哀鸣,扑棱棱摇得芦花飘舞,能逃出去的却没几只。大家这才欢呼起来,纷纷收拾猎物。

卢六郎看得瞠目结舌,向雁儿问道:“雁民猎户,都能夜里一箭贯穿大雁?”“那是自然,这要从小练起,没有一双夜眼,怎么打雁?到了我爹这个年纪,就是眼睛花了,闭着眼睛也能射中!”雁儿得意地说道。卢六郎又问:“雁帮中人,都是雁民出身?”雁儿诧异地看了他一眼,说道:“你怎地想起问这个?自然都是雁民,不然怎么能自如进出这迷魂荡?”

卢六郎的脊背爬满冷汗,一方是警惕灵透、遇惊既飞的雁群,一方是训练有素,能运用兵法、闭目一击而中的雁民,这哪里是猎雁?分明是一场两阵对垒的较量!怪不得巴云图屡战屡败,雁帮岂是他能对付的?

雁民们收获颇丰,回到住所时已经天光大亮,众人将猎来的大雁分了。江老爹分的大雁最多,由卢六郎与雁儿一起去集市上卖。“这些大雁能卖多少银子?”卢六郎好奇地问。雁儿回答:“大雁是难得的佳肴,有的是达官贵人要吃它。这些大雁值的银子,换我们两个月口粮绰绰有余了!”

“如此说来,猎一季大雁够一年用度了!打雁换酒,芦花做枕,何等快意人生？你哥哥他们，为何一定要做杀人越货的盗匪呢？”卢六郎疑惑地问。雁儿显然有些不高兴，半天才答：“我哥哥不是坏人，要不是‘独眼蜈蚣’命令，我哥哥是不会杀人的！这些大雁虽然值许多银子，可是我们也拿不到多少，还有‘拔雁毛’要抽佣金呢！”“谁是‘独眼蜈蚣？’”卢六郎好奇地问道。

雁儿说“独眼蜈蚣”就是雁帮大当家的，他年轻时跑出去当过响马，被人射瞎了一只眼睛，脸上留下一道蜈蚣样的长疤，所以外号叫“独眼蜈蚣”。“独眼蜈蚣”回来后，就撺掇几个年轻雁民入伙，慢慢形成了今天的雁帮。“那‘拔雁毛’又是谁？”卢六郎问。雁儿气愤地说：“就是总管巴大人啊，我们打的每只雁都要给他抽佣金，雁过拔毛，大家就叫他‘拔雁毛’！”卢六郎深感意外：“居然有这等事？”“我们辛苦到头，还不够温饱。要不是哥哥他们能得些好处，一些老人孩子多的雁户恐怕就得断炊了！”雁儿神情忧戚，卢六郎听了沉吟不语。

卖完大雁，果然就有官兵模样的人过来收钱，雁儿噘着嘴给了他们。这时街道上喧哗起来，一队威武整齐的官兵正在进驻盘蛇驿。雁儿蹙起眉，低声说道：“我们快点回去吧，听说这些兵是来打雁帮的，我得去给哥哥报个信！”雁儿没听到回答，回头一看，哪里有卢六郎的影子？雁儿急忙到处寻找，过了好一会，才看见卢六郎拎着两坛酒过来。“我去买了两坛酒，一坛给老爹，另一坛给你哥哥带上，也好求人情！”卢六郎说道。雁儿听了喜笑颜开，两人当即快步往回赶去。

卢六郎和雁儿谎称去打雁，背着江老爹往迷魂荡去了。雁儿撑着竹筏在狭窄的水道里蜿蜒前行，一直往深处划去。卢六郎放眼四周遮天蔽日的芦苇丛，说道：“这地方当真隐蔽，若不是有人带路，怕是三天三夜也找不到这里。”“总舵是雁帮兄弟们歇息睡觉的地方，若是等闲就被找到，哪里还有命在？”雁儿笑吟吟地说道。话没落音，前面水路上横出一只架着弩箭的舢板，上次砍卢六郎入水的方脸汉子正巍然立在上面。

“哥哥！”雁儿欢喜地叫一声。卢六郎吃了一惊，原来这人就是雁儿的哥哥江白鸥。江白鸥一把将雁儿拉到自己的舢板上，用刀尖抵住卢六郎。雁儿着急地说道：“哥哥，卢大哥是我的朋友。雁哨的事当中有误会，我们就是来找你帮忙，向大当家解释清楚的。”江白鸥说道：“傻妹子，看看你身后。”

雁儿回头一看，她撑竹筏来的水路上，隐隐漂着一道红印，在水中若有若无。“这是什么？”雁儿好奇地问道。“这是一种遇水会变红的硝矿，你被人哄了还不知道。”江白鸥转向卢六郎，说道：“朝廷钦派的副指挥陆成渊，果然是年轻有为啊！”卢六郎镇静地说道：“你都知道了？”

卢六郎正是率兵围剿雁帮的副指挥陆成渊，为了摸清雁帮底细，他和指挥使率先赶到盘蛇驿，化装成贩货商人打探消息。真假雁哨事件后，化作贩布商人的王指挥火速离开，调兵遣将部署，只等陆成渊摸清线路，就一举攻进迷魂荡。

哪知江白鸥棋高一着，“卢六郎”逃走后，他找到秃头询问，秃头承认有两个商人来买过雁哨，但他一口咬定，卖的两只都是货真价实的雁帮雁哨。江白鸥就疑心“卢六郎”自己做了手脚。当晚他回过家一趟，看到“卢六郎”时并没露面，而是派人暗中跟踪，果然目睹他在集市趁乱和自己人接头。

“江兄有智有谋，当是将才，屈居这一方水泽，未免埋没了才干！”陆成渊由衷地说道。雁儿得知陆成渊的真实身份，感到受了愚弄，愤怒地说道：“狗官！枉我一心帮你！”“雁儿，你帮了我，也是帮了你们雁民。”陆成渊说大战在即，他势必要和巴云图并肩作战。但只要铲除雁帮之后，他就会向朝廷奏明巴云图巧立名目、鱼肉雁民等事，一定让朝廷严惩巴云图，届时雁民能自给自足，自然不会有人再愿意做杀人越货的盗匪了。

江白鸥听了哈哈大笑：“你以为巴云图为何屡战屡败？你当真以为他会和你们并肩作战，铲除雁帮吗？”陆成渊一怔。江白鸥说巴云图一直和雁帮有来往，秃头就是他的人。雁帮每卖一只雁哨，就有他五两银子。“独眼蜈蚣”也是得五两，剩下十两才是众兄弟的。这次朝廷派人增援他围剿雁帮，巴云图唯恐断了自己的财路，又怕陆成渊二人围剿成功，他颜面无光，早就和“独眼蜈蚣”商量好计策。只要陆成渊的队伍一入迷魂荡，他就和雁帮前后夹攻，将他们尽数杀了，只上报全军覆没即可。

陆成渊震惊不已：“官匪勾结，鱼肉的只是雁民百姓！你们也是雁民出身，怎么忍心父母兄弟为狗官盗匪卖命？”江白鸥一怔，面色赤红起来，强撑道：“世道如此，我们不做也有别人做，官匪勾结也好过全部便宜狗官！”“只要人心秉正，自是清朗乾坤。江兄，‘独眼蜈蚣’虽然对你们有小恩小惠，但他更为自己谋利，而且杀人如麻，罪大恶极啊！”陆成渊诚恳地说道，“你不为自己，也得为手下这帮兄弟着想。你们若肯归顺朝廷，助我此战，我定力保你们。”

江白鸥还在犹豫，他身后的弟兄们已经开始低头交换意见。人往高处走，能吃皇粮，谁愿意做盗匪？这时远处传来芦苇的飒飒声响，沿着蜿蜒红印的水路慢慢逼近，一看就不止一两只竹排。看来陆成渊的兵将已经入荡了，如果江白鸥不答应，他们就面临腹背受敌、困死迷魂荡的局面。陆成渊暗暗着急，这时芦苇一晃，一列竹排出现在众人面前，居然是江老爹带着一帮老弱雁民赶来了。

“陆指挥的话，诸位都听到了。谁是一心为我们雁民的，想必都已心知肚明。我愿意带领乡亲们追随陆指挥，堵截巴云图。白鸥，你若还是我的儿子，就杀回总舵，以后不要再受‘独眼蜈蚣’的指派了！”江白鸥思前想后，一咬牙说道：“好，为了雁民，为了兄弟们，我干了！只是‘独眼蜈蚣’疑心颇重，总舵镇守的都是他的心腹，要一举拿下，可能不太容易。”

陆成渊急忙问道：“敢问江兄，日前我那船药材，停在何处？”江白鸥疑惑不已，这么紧要的时刻，陆成渊怎么还在乎一船药材？“回陆大人，因为药材一时不好出手，那只船至今停在总舵。”陆成渊大喜：“如此甚好，那批药材中掺有大量迷香,会让人昏昏欲睡,精神恍惚,想来能帮上我们一把。”

陆成渊沉着部署,他带领江老爹等人赶回去,挑破巴云图的阴谋。江白鸥等人不动声色,带着手下兄弟先去雁帮总舵,沿途撒下硝石粉引路。等他带着大军赶来时,以雁哨为号,两方人马里应外合,将“独眼蜈蚣”杀个措手不及。陆成渊胸有成竹,神采激昂。雁儿起初的愠怒早就烟消云散,此刻满心都是对陆成渊的仰慕之情,紧紧跟随在他身旁。

陆成渊带着众人急急往回赶,远远已经听到厮杀声,惊起阵阵大雁仓皇飞过。王指挥、巴云图和雁帮三股势力已经绞在一起,一片混战。王指挥正被巴云图的人围攻得无暇分身,陆成渊杀到他身边,简单讲明了情况。王指挥青筋暴跳:“此贼不诛,何以平民愤?”

江老爹一听豪情大发,他深知擒贼先擒王的道理,只身冲入阵中,将弓箭对准了巴云图。江老爹的箭刚刚射出,眼前就一道血光,他的手臂居然被人整个砍了下来。所幸这一箭贯穿了巴云图的眼睛,随着他惨叫落水,江老爹也在剧痛中倒了下来。陆成渊立刻带人生擒了巴云图。雁儿惊恐地搂着江老爹,大哭:“爹爹,爹爹！你不能死,你不是还要看着雁儿出嫁的吗?”江老爹虚弱地睁开眼睛,勉强笑道:“爹爹不会死,用我一条胳膊换那狗官一只眼睛,值了!”

陆成渊血气上涌,带人奋力厮杀。巴云图的兵将本来就是朝廷的人,此刻都依附王指挥,一起对抗雁帮。雁帮中大部分都是各家雁民中的青壮子弟,见家人有跟随江老爹而来的,早就蒙了头,不知道该打还是不该打。老雁民们趁机道明情由,不少雁帮兄弟临阵倒戈,一起向总舵厮杀回去。

一列列竹排舢板循着水中红印,逐渐接近雁帮总舵。转过一个弯后,忽然面前开阔起来,芦苇沼泽之中突起足有两三亩地大小的一片石岗,房舍连成一片,四周架着弩箭。“吹雁哨!”陆成渊一声令下,雁儿拿起雁哨,呜呜咽咽吹响起来。

这时大军一拥而上,厮杀声、雁哨声、阵阵大雁惊啼飞掠声连成一片。江白鸥一干人里应外合,雁帮总舵很快被攻了下来。“独眼蜈蚣”反绑双手,被江白鸥押出来时,瞪视陆成渊:“想不到我一世英名,败在你一个黄口小儿手里!”陆成渊说道:“你能聚匪立寨,却不知已尽失人心。今日攻下你的并不是我,而是民心。”

光绪二十三年(1897年),盘蛇驿设抚民通判。陆成渊有次路过此地,特意寻访故人。江白鸥等人留在府衙做事,余者打雁捕鱼,自给丰足。独臂的江老爹招待陆成渊,呵呵笑道:“如今我是拉不得弓了,雁儿寻了个好女婿,一起供养我呢!他们晚上要打孤雁,早早准备去了。”陆成渊于愿已足,离开时阵阵雁群在霞光中鸣叫飞过。漫无尽头的芦苇丛随风此起彼伏,芦花上像染了胭脂一般的颜色,明艳醉人。

泣血胭脂糯

仙霞岭巍峨雄壮,一条古道宛如将山体从中劈开一般,蜿蜒百里。柳三清带着随从常喜和常贵,主仆三人打马疾驰。一路只见古道两旁奇峰怪石、老树长藤,密集难窥天日,过了仙霞岭就是蒲城了。柳三清母亲早逝,父亲柳鹤年出任蒲城知县已经一年。怕他疏于管教,柳鹤年特意修书命他来蒲城会合。柳三清扬鞭打马,忽然平地拉出一道绳索。柳三清急忙勒住马首,但是已经来不及了,三匹骏马先后嘶鸣着仰翻倒地。

柳三清被甩到岩石上,又滚落下来,一柄泛着寒光的大刀抵在他的脖子上:“不要动,钱财留下,就放你过去!”柳三清回头一看,一伙蒙面匪人已经围住了他们。为首的个子颇高,打扮与众不同,带着一副鬼脸面具。

常喜被摁趴在地上,嘴里大骂:“不长眼的狗贼们,我家公子乃是蒲城知县之子,你趁早放了便罢,不然当心你的脑袋!”那鬼脸首领听了走到常喜身边,用脚踢踢他的脑袋。忽然一刀挥下,常喜的脑袋登时骨碌碌滚出老远,鲜血这才喷涌而出。柳三清大吃一惊,这匪人居然如此残暴。鬼脸首领拿刀拍拍常贵的脑袋,问:“你可要为你家公子出头吗?”常贵浑身如筛糠一般,哇一声哭起来。

柳三清定定神，说道：“好汉刀下留情，你要财物，尽数拿去便是。”鬼脸首领一使眼色，早有小喽啰把行李细软搜罗一空。鬼脸首领说道：“按说拿了财物自当放你们过去，但既是知县公子，为了弟兄们着想，今日就得罪了！”柳三清暗暗叫苦，没想到还没到蒲城，先丢了性命。

鬼脸首领两只眼睛在面具后面射出精光，杀机毕露，刚扬起刀来，前面却隐隐传来空灵清脆的山歌。一个窈窕身影慢慢走近，居然是个挎着草药篮子的青年女子。“姑娘快逃命，不要遭了贼人毒手！”柳三清不忍心这女子撞到阎王殿来，急忙大声呼叫。那女子一愣，转身便跑，哪里来得及？早就被两个匪人两步赶上去，架了回来。只见那女子一脸惶恐，削肩蜂腰，云鬓低垂，虽然荆钗布裙，却是罕见的清丽国色。

柳三清一时忘了身处险境，两眼移动不得。想到这样标致的美人就要落到这伙匪人手里，柳三清心急如焚。匪人都淫笑起来，还有一个按捺不住过来摸了一下她的脸。鬼脸首领一脚将那人踢翻在地，呵斥道：“再动一下，剁了你的手！”“是是，兄弟鲁莽了，这样的绝色是得给大哥留着！”那家伙嘻嘻笑着，引得其他匪人一阵大笑。

柳三清拼尽全力挣脱钳制，挺身护着那女子，说道：“欺负弱质女子，算什么好汉？”鬼脸首领一愣，忽然有小喽啰来报：“大哥，后面正有一队官府人马过来，人数颇多！”眨眼之间，马蹄声纷至沓来，那对人马已经遥遥在望。

鬼脸首领看那女子一眼，回头说道：“兄弟们快撤！”一伙人攀上山壁，很快消失不见了。柳三清这才看见山壁上多有蜿蜒石径，藏在藤萝树丛之后，不细看很难发现。身后过来一队仪仗威武的官兵，看见现场狼藉，有死尸横倒在一旁，开路侍卫责问怎么回事。

柳三清禀明原委，一位四十多岁的官员立刻下马挽住他的手。此人正是京中负责征调贡米的陈敬陈大人，正要赶往蒲城。原来闽北虽大，盛产良米，却唯独蒲城得天独厚，专贡胭脂糯。这种糯米色泽如桃色胭红，不仅可以滋阴补肾、健脾暖肝,据说有接骨奇效。每年交够朝廷定额,略有盈余就引得达官贵人重金购买,蒲城县衙之职也就成了众多官员趋之若鹜的肥差。柳鹤年因平日多在宁王府走动,承宁王之力才得此肥差。

陈大人得知原委,立刻吩咐属下安置常喜尸首,与柳三清结伴往蒲城而来。那女子与柳三清就此分手,两人都有依依不舍之意。到了县衙,柳三清将遇劫过程说了一遍。柳鹤年听了后,说道:“此乃仙霞岭惯匪,倚仗地势险要,多有不轨之举。”即刻吩咐差役在仙霞古道一带设放哨卡,以免再有行人遇劫。

柳鹤年就在当晚大摆筵席为陈大人洗尘,柳三清看见父亲差人将一石上等胭脂糯贡米交给陈大人。陈大人一再推脱:“柳大人快不要如此,此乃贡米,圣上尚未享用,你我岂可僭越?”柳鹤年再三表示只是聊表寸心,交付皇家的定额绰绰有余,这是多出来的。陈大人这才道声却之不恭,命人收了。柳三清看在眼里,暗叹官场如染缸,父亲一向不屑于此,如今也深谙此道了。

次日,陈大人提出要查看库房,笑道:“柳大人莫嫌老夫啰唣,实在是身负皇命,限期在即,不得已而为之。”“此言差矣!大人不辞劳苦,公事为先,实在令人敬佩。”柳鹤年恭敬地引着陈大人去了库房。柳三清颇为好奇库房里是怎样的,于是跟着进去。

只见库房里已经装好不少口袋,仍有很多妇孺平民正在低头捡米。那些胭脂糯米粒细长晶莹,胭红可喜,散发着淡淡清香。柳三清的目光忽然落在一个捡米女工身上,她削肩蜂腰、云鬓低垂,侧身弯腰捡米的姿态妩媚动人。柳三清登时呆了,常贵张大嘴,拉扯他的衣袂:“公子,她她……”这捡米的女工,居然是仙霞古道上遇到的女子。

陈大人四处巡看,柳鹤年赔笑道:“大人尽管放心,贡米多数已经装好。剩下这些必能如期完工,不会误了朝廷的限期。”陈大人微笑颔首。众人正要出来，忽然一名差役扬起鞭子朝那女子抽去，女子吃痛，惊叫不已。

柳三清两步抢过去，一把攥住鞭子，质问道："你怎么随便打人?"差役说道："私藏贡米，理应严惩。"柳三清一愣，说道："她两手空空，米在哪里?"差役不敢妄动，看向柳鹤年。柳鹤年点了点头。差役得到首肯，拉起那个女子，一把剥掉她的外衣，两手倒提着衣服一抖，果然有胭红米粒撒在地上。原来她在衣服里缝了暗兜，把米偷偷装进去的。柳三清登时说不出话来。

柳鹤年冷哼一声，说道："按规矩办，抽一百皮鞭，扣除工钱，撵出去吧!"差役听闻，扬起鞭子死命抽下来。那女子只穿着胭脂红的小衣，护住臂膀哀叫不止。其他捡米的人不敢张望，低头捡得更快了。柳三清眼睁睁看着却阻挡不得，急得攥紧拳头，额上冒汗。"大人手下留情，这女子哪里挨得起一百皮鞭？她便有错，也得听她说说缘由才是。"陈大人一边阻拦一边说道。柳三清暗暗庆幸，想不到这陈大人如此宅心仁厚、体恤百姓。

女子说她姓程，叫胭脂，住在城南。老父亲自从去年摔伤腿，诸药无效，一直不能下床。胭脂家世代祖传一张秘方，用胭脂糯、三味草药与冰糖熬制的胭脂三糯粥可以接骨。但胭脂糯是贡米，尤其是今年在官府指定的田地种植，闲人不许靠近。胭脂好不容易等到这寒露时节贡米收获，才借着捡米的机会铤而走险，想偷些回去救老父亲。柳三清想起在仙霞古道上遇见她时她就提着一只草药篮，原来是为她父亲采草药去了。

陈大人说道："胭脂三糯粥当真有此奇效?"胭脂叩头称是。陈大人对柳鹤年笑道："如此一来，非但不能打这一百皮鞭，还要将她老父亲接到县衙来治伤才是。"柳鹤年面露难色，陈大人说道："胭脂三糯粥是否灵验，不妨让她一试。倘若真有奇效，禀明圣上，让太医院广为制药，岂不是为国为民的好事?"柳三清听了心内暗喜，说道："爹爹，试试何妨?"

陈大人对胭脂说："我即刻派人去接你老父亲，从今日起你就住在县衙，为你父亲治伤。倘若医得好，念你至孝，此事便罢了；若治不好，可见是推脱之词，不但扣除多日捡米的工钱，你那一百皮鞭也要如数领受。"柳鹤年见他如此说，也不便再阻拦了。柳三清见有机会和胭脂共处几日，心花怒放，亲自去接她父亲。

柳三清带人策马直往城南而来，只见处处破败寒酸。找到胭脂家里，两间草房更是家徒四壁，一位老者躺在床上，正是胭脂的父亲程老爹。柳三清说明来意，忍不住问道："蒲城不是盛产贡米，是富饶之地吗？你们怎么生活得如此清苦？"

程老爹叹了一口气，说道："三公子哪里知道，这胭脂糯珍稀娇贵，极难种植，不仅需要蒲城特有的土质，雨水更是要恰到好处，少一分必旱，多一分则涝。往往数十亩地，所产也不满一担。交足朝廷的定额后，官老爷们还想多征收点，几乎大部分上等田地都种植上胭脂糯了。朝廷有令，拒种贡米是杀头的死罪。我们不敢不种，只有开些山坡上的荒地种些口粮，能活命已经不错了。"柳三清听得瞠目结舌，想起父亲送给陈大人的胭脂糯，脸色腾地红了。

自这日起，胭脂父女就住在县衙内宅。陈大人拿出柳鹤年送他的那一石精良胭脂糯，让她熬制胭脂三糯粥。柳三清看在眼里，愈发敬佩陈大人的为人。柳三清寸步不离胭脂，看着她将米洗净，三蒸三煮，而其色香不退。更神奇的是每蒸煮一次，米粒便伸长一小节。

胭脂说："胭脂糯药性在三蒸三煮之后才能完全伸展出来，所以我们又叫胭脂糯为三伸腰。"说罢配以三味草药，加冰糖文火慢熬，不久就异香扑鼻。一连服用七日之后，程老爹居然可以拄着拐棍下床了。陈大人与柳鹤年都深感惊异，柳三清更是欢喜，这样一来，胭脂就不会被责罚了。

胭脂父女多次请辞，陈大人都以要老爹好生静养为由劝阻。柳三清私下对胭脂说："你在府里多待几天岂不好？为何一直求去？"胭脂含羞怯怯，低头不语。柳三清的心思她自然知道，而柳三清年少清俊，她当日在仙霞岭就一见倾心。这几日相处下来,两人已是情投意合,难分难舍了。柳三清正打算向父亲禀明情由,成全他和胭脂,没想到当天夜里就出了一件大事。

当晚夜半时分,柳三清蒙眬中听得房顶上瓦块响动,随后院子里就传来打斗声。柳三清出来一看,一队穿黑衣的蒙面人正和差役们混战,首领正是那个戴着鬼脸面具的人。鬼脸首领在打斗中还不忘各个房间搜寻,看来他想劫胭脂上山,居然抢到县衙来了!

柳鹤年与陈大人都被惊动,柳鹤年大怒:“贼人大胆,居然敢来县衙撒野?”当下调遣县衙主力,团团围攻。蒙面人很快折损过半,只见鬼脸首领打了一声唿哨,余众很快越墙逃散。鬼脸首领最后跃上高墙,已经晚了半步,两名差役一跃而起,死死擒住了他,把他带到陈大人与柳鹤年面前,一把扯下他的鬼脸面具。柳三清一愣,那人方脸浓眉,居然好一副堂堂相貌。

鬼脸首领虽然被擒,却桀骜不驯:“无耻狗官,居然强占民女,拘在县衙不放!”“贼人胆敢血口喷人,拦路抢劫,你又是什么刚正之辈!”柳鹤年怒喝。“老子程子樱劫的是奸商,杀的是狗官,比尔等强过百倍!”这话一落音,只见胭脂搀着程老爹出来。程老爹颤抖地说道:“真是子樱我儿?”程子樱一见,道:“爹爹,这狗官有没有欺负你和妹妹?”胭脂说:“哥哥,你误会了!两位大人和柳三公子都是好人,为了帮我救治爹爹才留我们在府里的。”柳三清恍然大悟,怪不得他对胭脂那么恭顺,原来他是胭脂的哥哥!

程子樱看见胭脂与程老爹安然无恙,知道是自己看错了形势,但想抽身已经晚了。柳鹤年厉声说道:“押进大牢里,容后再审!”程老爹忽然奔过去,死命抱住差役,大声叫:“儿子快跑,快跑!”程子樱后退两步,纵身一跃,已经稳稳落在高墙之上,眨眼之间就没了踪影。柳鹤年立刻命人追赶,那名差役挣不脱程老爹的束缚,心下恼怒。忽然程老爹不动了,扑通向后倒在地上。差役在挣扎过程中,居然一刀刺穿了他的腹部。“爹爹!”胭脂一声惊呼,立刻晕倒在柳三清的怀里。

胭脂醒来后，发现柳三清正在守护着她。胭脂道出原委。原来这程子樱自幼舞刀弄棒，就不是个省事的。长大后更是逞强好胜，惯会打架斗狠。五年前因为缴纳贡米和官差起了冲突，失手打死了人，就逃了出去。这几年音信杳无，没想到并没走远，居然在仙霞岭做了劫匪大哥。柳三清说道："程子樱是惯匪，身上又背有人命，最好不要落在官府手里，不然必是杀人偿命啊！"两人正在愁闷，忽然常贵火急火燎跑进来："三公子，三公子不好了！贡米库房被抢了！"

柳三清赶到库房一看，看守库房的差役被迷香迷昏，七零八落倒在地上。地上散落着零星的胭红米粒，装好即将押送京城的贡米都不翼而飞了。柳三清眉头紧蹙，贡米被抢岂是小事？何况是在县衙库房丢失的，此事若不能查个水落石出，只怕父亲的官职是难保了。

陈大人为难地说道："此事事关重大，老夫隐瞒不报，就是欺君罔上。少不得如实禀明圣上，还望柳大人尽快查明，将功补过。"柳鹤年又惊又怒，说道："必是仙霞岭匪人所为！那程子樱必是为父报仇，有意去了本官的顶上乌纱帽！贼人胆大包天，若不铲除这帮匪人，本官誓不为人！"柳三清心下凉了半截，暗怪程子樱行事莽撞，这下惹的乱子大了。

陈大人命人快马加鞭，火速呈报朝廷。很快圣旨传到，命陈大人为钦差，全权处理此事。柳鹤年连日带着官差在仙霞岭围剿，但仙霞岭地势险要，林木密集，一直没有擒到这帮匪人。陈大人得了圣旨，立刻调遣附近州县的官差，重力围剿。经过多日围捕，终于将一伙匪人逼到仙霞岭腹地，一举擒住归案。按程子樱的交代，到山洞找到贡米，一看，胭脂糯已经换成了普通白米了。

陈大人坐在蒲城县衙主座，柳鹤年倒成了陪审，面有忐忑之色。陈大人一拍惊堂木，喝道："大胆贼人，本官且问你，现今贡米何在？"程子樱冷哼一声，说道："你们狗官言而无信，官官相护。存心断我程子樱后路，一刀砍了也就是了,何必惺惺作态?贡米何在?你问堂上的柳大人,他岂不比我更清楚?”柳鹤年脸色一下煞白。柳三清暗暗诧异。

“此话怎讲?但有苦衷,尽管如实道来!”陈大人问道。程子樱伏地叩首:“请大人主持公道,柳鹤年到任一年,其间多次受我金银珠宝,这才相安无事。这次柳鹤年命我带兄弟盗取贡米,放到指定的山洞。事先讲好为我们遮掩,围剿不过是例行公事,没想到他为了灭口居然赶尽杀绝!现在贡米变成普通白米,胭脂糯现在何处,只有他自己清楚了!”

柳三清听了,大吃一惊。柳鹤年冷笑道:“笑话,我堂堂蒲城知县,怎会与你狼狈勾结?”“大人,堂外有一众蒲城商贾乡绅求见。”差役禀告。陈大人面露狐疑之色,说道:“这些人聚在一起来做什么?让他们进来!”说着几个穿绸着纱的人进来,跪下就喊钦差大老爷。陈大人一问,居然都是平日被柳鹤年盘剥的商贾大户,得知钦差办案,都来要钦差大老爷做主。各人送的金银不算,还有翡翠碗、夜明珠等物,絮絮叨叨说个没完。

陈大人大怒,立刻命人到内宅搜检,果然找出很多金银古玩。柳鹤年冷眼看着这一切,不屑地说道:“就算我索贿受贿,但我为何要监守自盗胭脂糯?丢失贡米,岂不是自掘死路吗?”陈大人说道:“柳大人素与宁王亲厚,到蒲城任职也是宁王一力促成。只是大人有所不知,前日随圣旨传来消息,宁王意图谋反一事日前已经暴露,被圣上诛杀了。你瞒下贡米,打算为宁王效忠,可惜他无福消受了。”柳鹤年闻言一惊,半天仰首闭眼,说道:“罢了,其中缘由一言难尽,本官认了也就是了!”

柳鹤年被以私通宁王、意图谋反的罪名押在牢里。柳三清难逃株连之罪,被一同关押。这日,父子正在黯然对坐,忽然看见狱卒闷哼一声,应声倒地。柳三清一看,居然是程子樱与胭脂兄妹。胭脂哭得两眼如桃子一般,死命催促程子樱砸开牢门。程子樱拗不过胭脂,两下就砸开了。

“柳三公子,我安排了常贵在外头接应你,你快走吧!”胭脂催促柳三清,手却攥住不松。柳三清纳罕道:“你们自身难保,怎么有余力救我们?”程子樱不耐烦地说道:“你们有事,我们自然就没事了。你快不要啰唆,赶紧离开就是。要不是胭脂以死相逼,我才懒得管你们。”

柳鹤年眼神中迸射出光彩,从贴身衣服里掏出一只金锁给柳三清,说道:“这金锁乃是你母亲所留之物,切记好好珍藏,你快逃命去吧!”“爹爹难道不一起走?”柳三清急忙说道。柳鹤年摇摇头,说道:“爹爹走了,官府岂会善罢甘休?”说着掏出一只装着鹤顶红的瓷瓶,仰头倒进嘴里。柳三清大惊,柳鹤年顷刻已经七窍流血,气绝身亡。

柳三清大哭不止,胭脂流泪催促他快走。三人辗转出来,居然一路无事。骑马奔出数十里,只见常贵牵着两匹马在等候。“柳三公子一路保重,找个僻静所在,以后隐姓埋名度日吧!”胭脂呜咽道。柳三清一惊:“胭脂,你不跟我一起走吗?”胭脂看他一眼,狠狠心,说道:“你如今是朝廷逃犯,我跟着你到哪里去?胭脂的造化,蒙陈大人引荐,圣上见过我的画像,已经下旨召我入宫了。”

柳三清登时如魂飞魄散,痴痴呆立。家没有了,父亲死了,自己沦为逃犯,而胭脂居然要进宫服侍皇上。这一连串的巨大变故让人应接不暇,柳三清恍若梦中。“妹妹快回去吧,我送柳三公子一程!”程子樱翻身上马,护送柳三清主仆离去。柳三清回首遥望,胭脂立在那里,渐渐变小,直至消失。

三人策马疾驰,到了一处深潭附近,程子樱勒住马首,原地转圈:“千里相送,终有一别,咱们就在这分手吧!”柳三清含泪忍悲,抱拳相谢。哪知程子樱抽出弯刀一挥,常贵就一命呜呼了。程子樱一脚把他踢到深潭里,这深潭上承瀑布,常贵的尸首只打了几个转,已经被流水带下深渊。柳三清愕然:“你,你……”“柳三公子勿怪,这也是各人命数,得罪了!”程子樱正要扬刀,柳三清纵身一跃,扑通落进了深潭之中。

柳三清浑浑噩噩,醒来已是三天之后了。柳三清躺在一间船舱内,外面传来尖细得像小太监的声音:“李公公,船里那个家伙还没醒,怕是救不活了。”李公公同样尖细着嗓子说:“你小鬼头别不耐烦,救活了岂不好?你学着点,多修点福,下辈子就是个全活人了!”

柳三清意外被李公公所救。李公公是太后身边的红人,这次出宫办事,恰好遇到随波漂流的柳三清,急忙命人打捞上来。李公公见柳三清容貌清秀,顿生爱惜之心。柳三清得知了他的身份,扑通跪在地上,说道:“公公再造之恩,没齿难忘。若能追随公公入宫,来世定当结草衔环以报。”

李公公吃一惊,说道:“小兄弟,入了宫,可就不是全活人了!你要三思。”柳三清将自己的身世和连日变故说了一遍,含泪说道:“不瞒公公,我现在已是家破人亡,随时会被官府缉拿。这世上唯一令我挂怀之事就是胭脂,若能再见她一面,我死也无憾了!”

李公公听了,急忙搀起柳三清,原来这李公公与柳鹤年相识,曾有数面之缘。李公公详细询问了蒲城之变,沉吟道:“柳三公子对胭脂姑娘的深情着实令人感佩,罢了,就成全你吧!说起来皇宫倒反而是个妥当所在,再无人能料到逃犯会在宫内。你先躲上一阵子,见过胭脂姑娘,再作他谋。”

柳三清叩首不已,当下跟随李公公进宫。柳三清忍痛净身,眼泪汩汩而下,休养之后在内管领处做了一名普通太监,化名三宝,在内管领处负责皇宫各处打扫,领派蜡烛、纸墨等物。柳三清借着干活的机会把各处宫嫔院落都找遍了,却始终没见到胭脂,连李公公都不知内情。这期间通过李公公,柳三清得知蒲城之案已经了结。柳鹤年畏罪服毒自尽,判决受贿枉法、私通宁王等罪名。柳三清听了黯然伤怀,拿出父亲留给他的金锁,凑近附耳说了几句。李公公听后面露惊异,说道:“看来此事果然如我所料,柳三公子少安毋躁,此事慢慢筹谋。”

转眼两三个月过去,已经入冬了,柳三清被分派到各处宫苑烧缸。这天到了乾清宫,只见暖房内一溜数十个鎏金錾寿字纹大缸,里面蓄满清水。这水是存来防火的，为了防止结冰，整个隆冬缸套里炭火不息。柳三清往缸套里添了炭块，看见里面仍有一溜五间廊房，掩着槅门，不知里面是做什么用的。

柳三清一时好奇，忍不住推门进去，立刻被眼前的景象惊呆了。只见廊房内翡翠米、白玉稻、胭脂糯等各色稻米掺杂在一起，直堆到房梁。一个女子弯腰坐在那里捡米，姿态妩媚，却显得分外无助凄凉。不是胭脂，又是谁？

“胭脂……”柳三清颤颤叫出来。胭脂回头一看，又惊又喜，两人紧紧拥住。柳三清问：“皇上不是慕你姿容才召你入宫的吗？你怎么在这里捡米？”胭脂垂泪道：“当日陈大人说只要我进宫，就放你一条生路。但胭脂心里只有公子，进宫后不愿服侍皇上，请皇上放我回去过捡米的日子。皇上龙颜大怒，就命人堆了这些稻米让我捡。说是捡完之日，就是出宫之时。柳三公子，你怎么在这里？”柳三清愈发悲切，低低说了为见她而净身入宫的事。胭脂大惊，两人抱头痛哭。

“不知死活的奴才，你长了几个脑袋？”槅门被一脚踢开，柳三清和胭脂一见是皇上，惊慌地分开，跪在地上。

柳三清和胭脂被按着打了五十大板，双股鲜血直淌，皇上这才开始审问。柳三清一口咬定自己是内管领处的太监三宝，胭脂是他表妹。两人宫内意外相聚，一时忘情才有越轨之举。这时陈大人奉太后懿旨进宫，正好撞上这一幕，冷笑道：“皇上，这个奴才不是什么三宝，倒是犯官柳鹤年之子柳三清才是！”

皇上吃一惊，怒道：“犯官之子，通缉要犯都能进宫来了，当朕的紫禁城是什么地方！速传内管领处的管事，查清是谁安置的这个太监！”“不必查了！”一声威仪的女声传来，小太监跟着报：“太后驾到！”柳三清抬头看见众星捧月款款而来的太后，李公公跟在身边。皇上让了太后上座，收敛了怒气。

太后坐定,看一眼陈大人,问道:“哀家这才得知陈大人劳心劳力,为皇上物色美人,实该嘉奖。只是这胭脂姑娘的家人,也该妥善安置才是。”陈大人急忙跪禀:“回太后,胭脂姑娘的兄长程子樱,已经在蒲城赏银赏地,妥善安置。”太后说道:“程子樱日前遭仇人杀害,陈大人难道还不知道?”胭脂一听,脸上变色,几乎晕倒。

陈大人支吾难言。皇上惊奇地问道:“竟有这种事?母后何以得知?”“万幸的是程子樱死里逃生,把人带上来!”太后吩咐李公公。李公公立刻低头退出去,稍时引着程子樱进来。程子樱拜见过皇上、太后,转头对胭脂说:“妹妹,柳大人为民负罪,可谓有义;柳三公子为你不惜净身入宫,可谓有情。哥哥糊涂,上了这陈敬狗官的当了!”

陈大人大惊失色,冷汗直下。程子樱说他当日在蒲城县衙逃脱之后,陈大人曾私下找到他,命他带人劫走贡米,又串通当地富绅告状,陷害柳鹤年。陈大人承诺送胭脂进宫,只要胭脂飞黄腾达,他就贵为国舅了。但事成之后怕他走漏风声,居然杀他灭口。程子樱侥幸逃得一命,后被李公公派去的人找到,这才倒戈相向,一举揭发陈大人。

陈大人强撑道:“我与柳鹤年素无冤仇,为何要这么做?”“听闻蒲城新任知县乃是陈大人妻舅,可有此事?”太后冷冷地问道。陈大人惶恐支吾。皇上说道:“如此,也并不能证明柳鹤年私通宁王之事不符。”

“回皇上,草民当日受陈大人之命劫了贡米,却发现根本不是胭脂糯,而是普通白米。要是柳大人私通宁王,怎么会以白米代替贡米献给宁王?”程子樱回答。李公公跪禀:“回皇上,小的与柳鹤年有数面之缘,知道他断然不是贪赃枉法、私通反贼之人。小的这才引柳三清入宫,而柳鹤年留下的金锁更证实了这件事。”

原来柳三清无意中发现父亲给他的金锁内壁有字,种种疑点联系起来,柳三清怀疑父亲是冤枉的。李公公受他所托在蒲城查访多日,得知柳鹤年收回田地，集中种植贡米只是对外的说辞，官田里种的仍是高产的精米。柳鹤年为了百姓得以温饱，才冒死行了这偷天换日之计。拒种贡米乃是杀头的死罪，柳鹤年不忍百姓遭殃，就将计就计，认了私通宁王之罪。他供不出原本就不存在的贡米藏地，唯有一死了结此案。

陈大人伏地叩首，体如筛糠。皇上很是震惊："金锁何在?"柳三清呈上金锁，只见上面镌刻着两行小字："一粒胭脂米，十斗救命粮。但得百姓饱，鹤魂归故乡。"皇上颇受震动，真相水落石出，立刻命人拿下了陈大人。"柳三清，你父一心为民，我自会还他公道。你可有什么心愿未了吗?"皇上问道。

"谢皇上恩典，只求皇上善待胭脂，草民就别无所求了。"柳三清含泪叩首。胭脂立刻跪行向前，哭道："柳三公子虽然已是阉人，但我们两情相悦。求太后做主，求皇上开恩，放我出宫去吧!"太后叹息一声，看向皇上。皇上很受震动，成全了他们。

柳三清等人离开京城时，皇上正张榜天下。程子樱分开人群，挤进去看。皇榜公告，胭脂糯珍稀娇贵，极难种植，已经不再征收为贡米。御赐药谷之名，仅为药用，各地官员不得聚敛食用。胭脂与柳三清同乘一骑，回头与柳三清对望一眼，彼此心意相通，都为蒲城百姓庆幸。当下三人打马出城，驰骋在辽阔官道，渐渐消失在青山绿水之中。

蜈蚣珠

临安城热闹繁华，商铺鳞次栉比，其中百年老字号保济堂气势宏大，分外惹眼。林慕青抬头看到御赐金匾，不由心念一动。他在山岚深处的唐家庄待了两年，养鹿种药，几乎过着隐世生活。这次老东家身体不适，不放心女儿唐如嫣单独来送货，特意让他跟来。林慕青久不到繁华之地，一时竟有隔世之感。

“这保济堂和太医院多有往来，所用鹿茸、灵芝等上等药材都是唐家庄的。爹爹有心栽培你，你可要好生历练。我也盼着你接过爹爹的担子，那时我们……”唐如嫣自知失言，两颊绯红起来，林慕青只装作听不懂。好在这时保济堂的掌柜迎了出来，将两人让进大厅，吩咐伙计卸货验货，一通忙碌。双方刚刚交割清楚，门口进来一队官府的人，为首的衣着华贵，正是静王府新任管家刘总管。

“合该福掌柜财星高照，我们王爷急寻一味珍奇药材。这金帖权充订金，事成之后王爷另有百金相酬。”刘总管一使眼色，早有随从捧上来一只托盘，托盘内金光闪闪，竟是纯金打造的书帖，上面镂刻着字。掌柜的俯首看了金帖并无喜悦之色，反而哭丧着脸说：“王爷要的是龙涎碧珠，莫说百金，就是万金也难求啊!”林慕青一听奇怪,忍不住问:“龙本是虚无缥缈之物,何来涎珠之说?”

刘总管闻言不屑地哼了一声,并不言语。唐如嫣拉拉林慕青的衣角,低声道:“此龙是指天龙,就是蜈蚣,龙涎碧珠又叫蜈蚣珠。相传蜈蚣百年生珠,凝碧如翡翠,能解百毒,去溃烂癣痂,令肌肤如新。”林慕青面露惊愕之色,低声问:“这世上当真有百年的蜈蚣?”唐如嫣悄声答:“我听爹爹说仙人峰有五尺长的大蜈蚣,即便不够一百年,也有几十年了。”林慕青颔首,心里有了底气,朗声问道:“敢问刘总管,府上哪位亲眷要用此物解毒?”

刘总管看他一眼。福满堂连忙说道:“小的也有同问。”刘总管这才说:“静王妃从去年元宵节开始忽然生了毒疮,遍身竟无完好之处,终日蒙着面纱,躲在斗室闭门不出。太医院轮番诊治,能用的法子都用了,非此物不可解毒。”林慕青淡然一笑,说道:“此物非同寻常,王爷要为王妃求得此物,非唐家庄不可了!”唐如嫣闻言吃了一惊,这百年蜈蚣难遇,更难擒。事情全无胜算,林慕青何以信口开河,揽下这宗棘手交易?

林慕青眉目清朗,神采俊逸,竟像换了个人一般,踌躇满志地说道:“我们东家祖上原是四川唐门一脉,家族凋零后才来此地定居。唐门中人自会拿筷子吃饭起,就会擒五毒炼药。若要擒得百年蜈蚣,除了唐家庄,还有能出其右者?”刘总管闻言大喜,福满堂唯恐他反悔,急忙将金帖奉上。

唐如嫣见他有心力争上游,心中慰藉,纵然费尽周折辛苦,也要助他成就此事。约定交出蜈蚣珠的日期之后,两人连夜赶回唐家庄,筹划上仙人峰寻找那只百年大蜈蚣。哪知唐元盛得知后勃然大怒,呵斥道:“无知小儿,你道那仙人峰是什么地方?那百年蜈蚣是好擒的吗?”唐元盛说着脱下外衫,露出用布裹起的左臂,一层层打开。等解到最后一层,林慕青大吃一惊,唐元盛左臂居然只有一截白骨,上面覆着薄薄一层疤痕狰狞的皮肉。往日看着丰满的手臂,竟是用布缠出来的。唐如嫣显然也是第一次看到,又惊又痛，问道："爹爹，你这伤就是十年前在仙人峰落下的吗？"唐元盛叹一口气，说仙人峰陡峭险峻，高耸入云，终年云雾缭绕。以前曾有个道人在峰顶的山洞里炼丹修炼，后来飞升而去，峰顶因此得名升仙台。

上山路上藤蔓交错，寸步难行，又多毒蝎巨蛇，等闲没人敢上去。这些毒虫猛兽常人避之唯恐不及，却正是唐元盛等人求之不得的好药材。那天，唐元盛和两个得力手下又上山去采药，到了半山腰一时好奇想看看升仙台到底什么样，三人就爬到峰顶。两个手下率先爬上升仙台，上去后却没了动静。唐元盛爬上去一看，顿时惊得呆住。两个伙计的衣服鞋袜都在洞口摆着，保持着躺在石面上的姿势，连衣扣都没解开，身体皮肉却消失不见了。升仙台难道真能让人尸解升仙而去？

唐元盛难以置信，这时忽然觉得身后有些响动。他回头一看，顿时头皮发麻，几乎无法动弹。一只足有手臂粗细，两肋鼓出大包的巨大蜈蚣蜿蜒而动，尖钩腭牙钳住一只灰毛野兔。那兔子一声都没叫出来，中毒后瞬间化为一摊脓水。大蜈蚣贪婪吸食，地上很快干干净净，只有兔子的毛发散落在地上。唐元盛顿时明白，那个道人所谓解骨升仙，只不过是中了这只大蜈蚣的剧毒，成了它的食物而已。

"我当年悄悄下了升仙台，还是被那大蜈蚣发现了，它立刻向我扑来。多亏我随身带着克制五毒的秘药，照着它劈面一洒，才缓出逃命时间。但我的左臂还是被它的毒液溅到，半截手臂的血肉全部化为脓水消融了！"唐元盛心有余悸地说道，"你们接了金帖，当真以为彩头那么好拿吗？""林大哥，我们把金帖还给静王吧，要打要罚领受就是。"唐如嫣劝道。

林慕青犹豫一下，断然摇头："大丈夫一言既出，驷马难追，我既应承此事，岂有再推脱之理？何况出尔反尔，连累的也是唐家庄的名声！"唐元盛见他一意孤行，不禁动了怒。正要喝骂，下人跑进来禀告："回老爷，门外有位身穿白衣的蒙面女子，自称是静王妃。"唐如嫣和林慕青顿时一愣，一个白衣蒙面女子已经款款而来，身形纤弱，仪态高贵。

婢女侍立两边，静王妃撇开众人来到林慕青跟前。林慕青心内已是惊涛骇浪，两手紧紧握拳。“我听刘总管说了身高容貌，就知道是你。你不必为我舍命去找什么蜈蚣珠了，我是心甘情愿一生毒疮癣痂相伴的。”“为什么？”林慕青愕然问道。静王妃露在面纱外的一对美目蓄满泪水，低声说道：“你未负我，我岂能负你？从你母亲处得知真相后，我就吃了癞头和尚的丸药，选择了毒疮癣痂相伴，永不与他同房。”

林慕青如被雷电击中，顿时呆立当场。唐如嫣又惊又痛。唐元盛看出其中端倪，说道：“慕青，这两年来我待你不薄，事到如今，还不能听你一句真话吗？”“多蒙东家照顾，我本姓宋，名吉，是静王同父异母的兄长。”林慕青索性直言。

宋吉的生母是个歌妓，出身低贱，由弟弟继承了父亲的爵位。他们母子虽然不缺衣食，却毫无尊荣可言。偏偏宋吉与弟弟静王的未婚妻绾青一见倾心，两人的感情激怒了静王。静王暗中挟持宋吉生母，逼他离开，声称只要宋吉回来，他母亲就性命不保；对绾青却说是宋吉答应携带大量金银珠宝，到异域番邦去做逍遥自在王爷了。绾青被他蒙蔽，伤心之余便与他成婚，做了静王妃。

唐如嫣一时难以置信，两年来与她朝夕相处的林慕青，怎么一下就成了宋吉？宋吉此时却全然顾不上她了，与绾青独处时揭开了她的面纱，看到原本绝美的容颜布满丑陋的疤痕，更可怕的是这些疤痕永不愈合，连同身上的毒疮癣痂，每日每夜都在痛苦地折磨着她。宋吉暗暗下了决心：就算拼上一死，也要为绾青拿到蜈蚣珠。

绾青离去后，宋吉开始筹划此事。他在唐家庄生活了整整两年，轻车熟路地来到药房，拿到了唐元盛配制的趋避五毒的独家秘药。打点好防身刀具后，宋吉悄悄上了仙人峰。等他披荆斩棘爬到半山腰时，不禁一愣。只见唐元盛在前面傲然而立，身后都是唐家庄的精锐家丁。唐如嫣一身胭红，正又怜又怨地看着他。

宋吉一见如此阵仗，面露愧色地说道："我隐瞒身世，欺东家在先；蛊惑小姐想利用唐家庄找到蜈蚣珠，负如嫣在后，实在无颜求饶。只请老东家网开一面，等我从升仙台回来，要打要杀悉听尊便。""说得好，我女儿即便不是王公贵胄，也是我的心头肉，由不得你这样欺负了去。那就等我们从升仙台回来，再算这些旧账。"唐元盛一声令下，众人纷纷起身。这些人每人背着一只蒙着黑布的竹篓，一手拎着硝石粉，一手拿着浸过油的藤条盾牌。

宋吉呆呆地没有反应过来。唐如嫣看他一眼，说道："我好不容易说服爹爹帮你，成全你的一片心，你还傻愣着做什么？""如嫣！"宋吉感动不已。唐如嫣快走两步，跟着众人走到前面去了。有了唐元盛一干人相助，宋吉精神大振，急忙赶了上去。

众人来到升仙台外围，此时日头刚好挣破山岚，升仙台上一片霞光霓彩，更显出几分仙气。唐元盛面色凝重："今日那巨虫在巢呢，外人看到那红光只认作祥云，岂知是毒物吞吐所致？"当下吩咐众人小心戒备，沿途洒下硝石粉，包抄而上。蜈蚣性喜背阴潮湿之处，贪婪嗜血，唯独惧怕硝石粉。如此一来断了它的退路，众人合力围剿，胜算就又大了几分。

硝石粉将升仙台牢牢封住后，唐元盛吩咐众人取出带来的兔子等活物，用刀抹了之后投到那道人炼丹修仙的山洞前。血腥味很快随风吹到洞里，过了半盏茶的工夫，一只巨大的蜈蚣蜿蜒游出。众人不禁一愣，宋吉也为之呆住了。虽然他早就有了面对这只庞然大物的准备，但他万没想到这只百年蜈蚣两肋居然生出一对翅膀，薄如蝉翼，在日光下熠熠生辉。

唐元盛大惊："这蜈蚣仗着丹药炉鼎，居然生出翅来。这才是第一对翅膀，再长下去只怕就成妖物危害一方了！今日一定要铲除后患！"说罢一声令下，众人纷纷解开背篓上蒙着的黑布，打开竹篓，居然每只竹篓里都有几只硕大的公鸡。这些公鸡原本在黑暗的笼子里以为天黑了，乍一见阳光都扑棱棱飞出去，神采奕奕，引吭高歌。

公鸡本是蜈蚣的天敌，这大蜈蚣虽然已经能轻易扑杀公鸡，但生性使然，先怯了几分，扭头就往山洞里钻。唐元盛一跃而起，将剩下的硝石粉全部掷在洞口，封住了它的去路。大蜈蚣一见落进圈套，张牙舞爪地向唐元盛扑来。唐元盛一闪身，手里的弯刀划出一道半圆光影，大蜈蚣的两对足立刻血淋淋地落在地上。

这百年蜈蚣哪里吃过这种亏？顿时恼羞成怒，折身返回再次扑向唐元盛，两只尖钩般腭牙里喷出一股毒液。唐元盛一手举起盾牌，毒液立刻顺着油浸的盾牌滑落下来。宋吉一见唐元盛危急，抽出背后的阔刀就冲过去。其他人呐喊着，一齐上去围攻。顿时刀光剑影，人声鼎沸，加上几十只公鸡扑棱飞叫，这百年蜈蚣顿时慌了阵脚，左突右撞，力道极大。

伙计们被撞掉盾牌，有的中毒化为一摊脓水，有的失足落下悬崖，一时死伤惨重。宋吉看着这些人因他而死，顿时红了眼睛，挥着阔刀就砍过去。唐如嫣、唐元盛与他合力围剿，大蜈蚣身上连挨了好几刀，那长长一溜足，居然被砍得七零八落，眼看就支撑不住了。唐元盛瞅准机会，一刀连腰斩断，大蜈蚣顿时变成两节在地上扭曲，慢慢地不动了。随着血水涌尽，一颗碧玉般的珠子滚落出来，在鲜血中愈发绿得青翠。

“蜈蚣珠！”宋吉惊喜地大喊一声，奔过去弯腰就捡。这时只听唐如嫣惊恐地叫了一声：“爹爹小心！”宋吉回头一看，唐元盛背向洞口而站，而洞口内一只体型稍小的雌蜈蚣正发狂一般，冲过硝石粉直扑他而来。

唐元盛领会过来时已经来不及了，雌蜈蚣数对足钳住他的身体，一对射出毒液的腭牙牢牢嵌进他的脖颈里。“如嫣……”唐元盛对着唐茹嫣瞪大眼睛，只来得及说出这两个字，浑身像融化的蜡烛一般迅速消融，只留一堆衣服在血水里。雌蜈蚣疯狂地转身攻击宋吉和唐如嫣。

“爹爹!”唐如嫣撕心裂肺地大喊一声,不顾一切挥刀朝着雌蜈蚣直扑过去。宋吉看在眼里,扑过去压住她打了一个滚,用藤条盾牌护住二人。就在这危急的时候,只见一个白衣女子向升仙台奔来,居然是绾青。“绾青,不要过来!”宋吉大喊一声,绾青却越来越近,正在奋力攀上升仙台。绾青身后很快出现潮水一般的官兵,迅速涌过来。远处一块岩石上有个白色蟒袍的男子卓然而立,正是静王。静王得知真相后带兵来到仙人峰,却亲眼目睹宋吉等人惨遭蜈蚣攻击而不救援。他要的只是蜈蚣珠,完全可以坐收渔翁之利。绾青为了引他发兵救援,不惜自己涉险登上升仙台。

绾青一爬上升仙台就被雌蜈蚣扑在爪下,从腿部开始溃烂消融。“绾青!”宋吉大喊一声扑过去,用两手生生攥住雌蜈蚣,一把扯了下来。这时官兵蜂拥上来,雌蜈蚣立刻陷进刀光剑影里。“绾青,绾青!”宋吉爬到绾青身边,伸手就要去抱她。

唐如嫣从背后死死抱住宋吉,苦苦地说道:“你不能碰她,静王妃也不希望你碰她的!”绾青露在面纱外的眼睛异常平静,似乎在无尽的痛苦中终于找到了解脱的归宿。宋吉看着她一点一点消融,以头触地跪倒在她面前,像只野兽一样哀嚎着。雌蜈蚣最终不敌围剿,逃进洞穴里。带头官兵命人往里塞满树枝杂草,点起熊熊大火,雌蜈蚣被堵在里面,死了。

所有事情都结束后,宋吉和唐如嫣来到了静王府。静王冷峻倨傲,正眼也不看这个哥哥一眼。宋吉打开一只锦盒,里面是翡翠一般的蜈蚣珠。“你要兑换百金?”静王冷笑:“好,我给你!”“我只带走我的母亲,王府里我一文不取,此生隐居于世,再不回来。”宋吉说道。静王略一犹豫就点头同意了,忽然伤感起来:“你赢了,她心里的人终究还是你。”

宋吉心中凄然,世事如棋,可是何尝真有赢家?这偌大王府,他留下的只有一颗蜈蚣珠,静王得到的也只有一颗蜈蚣珠而已。

第二辑

现代传奇

第二辑

深山鹰王

第一场霜降以后，云南纳西鹰猎文化节拉开了序幕，引得国内外的鹰猎爱好者都在此云集。比起驯鹰等表演，大家更为关注的是鹰王之争。去年的鹰王金达老爹因为儿子出事一病不起，不能参加比赛。参赛的鹰把式们暗地里攒足了劲儿，今年鹰王的称号到底会落谁家呢？

石向南以记者身份在会场了解到，除了一些经验丰富的老鹰把式，年轻的木雄飞是最有希望摘取桂冠的。木雄飞头脑灵活，不但驯鹰技术高超，还成立了一个驯鹰出租公司，承接一些替机场驱鸟等业务，是名副其实的后起之秀。这时一个肩上架着鹰的年轻女孩骑马赶来，她穿着当地的民族服饰，英姿飒爽，肩上的雌鹰神采飞扬，两者相映生辉，围观的人群一见先叫了数声好。

石向南急忙问身边的人这女孩是谁。那人说："你连她都不知道？这是金达老爹的闺女金铃铛啊！她哥金鹏上学有出息了，不学驯鹰，当了个缉私警察，结果上个月进野人山打猎被一只金雕扇下了悬崖。铃铛可不像她哥，打小跟着金达老爹满山跑，驯鹰本事比一些老鹰把式还强呢！""今天大家难得聚在一起，不巧我爹生了病，我是代他来向大家学习的。"金铃铛口齿伶俐,不亢不卑,意思却说得很明白:我爹不能参加,还有我呢,鹰王还是我们金家的。鹰把式们你看我,我看你,木雄飞率先鼓掌表示了欢迎。

鹰王争夺赛设在指定的围猎林区,在规定时间内捕获猎物最多的胜出。随着一声哨响,鹰把式们纵鹰入林,各显身手,一时场内鹰飞兔走,场外欢呼雷动。上半场大家基本持平,下半场差距就拉开了,木雄飞和金铃铛一直处在领先地位。在最后关键的两分钟里,两人的鹰盯上了同一只兔子。木雄飞突然打了一个悠长婉转的唿哨,他的苍鹰在识别指令时慢了几秒钟,金铃铛的雌鹰已经对着猎物俯冲下去,全场顿时掌声雷动。金铃铛如愿以偿,替父亲拿回了鹰王的称号。

石向南挤到金铃铛面前,表明自己的身份,希望她能接受采访。金铃铛还没开口,旁边一个二十来岁的年轻人就讥讽说:“明摆着有人对美女献殷勤,这样的鹰王胜之不武嘛!”金铃铛登时恼怒。那年轻人肤色较黑,鼻子高挺,汉语说得有点别扭,一看就不是本地人。这时领头的中年男子用缅甸语低声呵斥,让年轻人不要多事,然后一行人很快离开了。

中国云南与缅甸搭界,经常有缅甸人来当地做生意。金铃铛不便与他们争执,一股怒气都撒在来道贺的木雄飞身上:“谁要你让的? 这样被人奚落,鹰王当着有什么意思?”木雄飞并不恼,诚恳地说:“金鹏是和我在一起时出事的,是我没保护好他。老爹为这个一病不起,于情于理我都应该和你一起把鹰王的称号为他拿回来。”金铃铛被说中心事,红了眼眶不出声了。

这时一个少年跑过来,大声说:“铃铛姐,铃铛姐,野人山那只金雕又出来了,有个采药的快被啄死啦!”木雄飞听了,脸色为之一变。金铃铛立刻翻身上马。她最近一直在寻找这只金雕,终于被她等到了。石向南知道这是千载难逢的好机会,拦住马头说:“我是记者,这样的新闻我有责任报道,带我一起去吧!”

野人山位于中国云南与缅甸交界处,山峦林莽绵延几百千米,多是未经开发的原始地带。浓密的热带雨林形成了大片大片的沼泽,瘴疠经年不散,加上频频出没的毒蛇猛兽,简直就是难以逾越的天然屏障。曾经有逃犯试图从野人山越境,结果再也没有走出来。当地人采药只敢走到江心坡一带。石向南三人赶到时,采药人已经被人救下来了。

采药人惊魂未定,奇怪的是他和金雕周旋许久,身上居然只有一些微不足道的伤痕,而且都集中在身体左半边。石向南心里突然冒出一个大胆的想法,如果这只金雕没有强迫症,那就只有一个可能了。金铃铛得知金雕顺着江心坡往里飞去了,架着鹰就要追上去。

木雄飞拦住她:"再往里走太过凶险,咱们又没带个趁手东西,不如回去做好准备再来。""这只金雕刁钻诡异,这次放它走了,再遇上谈何容易?"金铃铛坚持要去。木雄飞声音大了起来:"这样贸然进去,还不是白白做了人皮口袋?""你怕死,你不用去。"金铃铛被戳到痛处,掉头就走。石向南急忙跟上去,金铃铛问:"你跟来做什么?不怕变成人皮口袋?"

"多一个人多一份照应,你一个人太危险了。"石向南笑笑说,好奇地问道,"什么是人皮口袋?"金铃铛说在野人山最危险的不是瘴疠猛兽,反而是不起眼的蚊虫、蚂蟥,沼泽里密密麻麻都是它们的身影。如果有人不慎陷入沼泽,身上的血肉很快就会被吸食干净,变成一张空瘪的口袋似的人皮。石向南听得毛骨悚然,不妨脚下被腻滑的青苔一滑,差点跌了一跤。木雄飞已经赶了上来,警惕地看他一眼,眼神中难掩鄙薄之色。

"我哥哥坠崖时落进沼泽,等我们找到他时就是那样一只人皮口袋了……"金铃铛眼圈泛红,嘴唇咬得紧紧的,恨不得立刻找到金雕,将它碎尸万段。这时峡谷里忽然传来一声鸣叫,一只体型庞大的金雕飞掠而至,眼神冷酷犀利,两只利爪钩子似的。石向南还没反应过来,金铃铛已经一振手臂,肩上的雌鹰展翅迎了上去。木雄飞的苍鹰也随之腾起,加入了战斗。

金雕生性凶猛好斗,以一敌二尚且稳占上风。它伺机对雌鹰猛地一啄,居然活生生地扯出一颗乌黑滴血的眼珠子来。金铃铛顿时变了脸色:“这下完了,苍鹰性子傲,雌鹰气性尤其大,残了眼睛比死还难受呢!”话音刚落,那只雌鹰绝望之下居然一头撞向崖壁,随即像只断线风筝般翻滚跌落下去。石向南看得呆住,金铃铛眼圈一红,当场落下泪来。与此同时,木雄飞的鹰为求自保,居然展翅掠过山顶飞走了。

木雄飞非常尴尬,讪讪地说:“这没用的东西,回去我就炖了它!”那只金雕目标明确,越过木雄飞朝他和金铃铛直扑过来。“小心!”金铃铛只来得及发出一声警告,石向南已经被金雕宽大有力的翅膀扇得两脚离地,身不由己向后倒仰过去。金铃铛一把拉住了他的手,却抵不过巨大的惯性,两人一起坠向白雾弥漫的谷底。

金铃铛在下坠过程中抓到一根藤蔓,两人像一对人肉果子似的挂在绝壁上。木雄飞趴在悬崖边上,大声叫:“铃铛,铃铛……”金铃铛一手死死抓着藤蔓,一手牢牢抓住石向南,缓了缓才回应道:“我们没事,你快点想办法救我们上去!”木雄飞答应了一声,上面却再也没了动静。

“金雕没有攻击木雄飞,”石向南疑惑不解,“为人鹰犬虽然不是什么好话,但也说明鹰和狗一样,对主人都是极度忠诚的,木雄飞的鹰怎么会临阵脱逃呢?”“你想说什么?”金铃铛问。“我想说,木雄飞大约不会回来了。”石向南庆幸自己早有准备。他蹬住一块突出的岩石,取出登山镐挂住自己,然后依次从背包里取出岩钉、动力绳、安全扣等,做了一个安全锁链。固定住自己以后,石向南把另一只安全扣递给金铃铛。

“你到底是什么人?没有记者采访会带着这些东西吧?”金铃铛警惕地看着他。“你一定要现在讨论吗?”石向南皱眉说,“我们必须尽快下到谷底,如果金雕这时攻击,我们可就只能任其鱼肉了。”金铃铛权衡利弊,选择和石向南先下到谷底。不料怕什么来什么,那只阴魂不散的金雕又回来了,盘旋两圈发现了他们,忽闪着宽大羽翼渐渐逼近。

石向南急得额上青筋直跳。这时峡谷中传来一声响彻云霄的鹰呖,一只黑羽巨鹰斜刺里直插过来,两只粗壮锋利的金爪猛地蹬住金雕,空中顿时碎羽四散。金雕什么时候吃过这种亏,立刻发起反击,一雕一鹰顿时缠斗在一起。"是我鹰伯伯!"金铃铛面露喜色。石向南见那巨鹰身体比金雕大出将近一半,和金雕高下难分,顿时放松不少:"失敬失敬,你家还有这么一门好亲戚呢!"

金铃铛说这只巨鹰叫大黑,是金雕和巨型鹰杂交所生。四十多年前,金达老爹还是一个年轻小伙子的时候,一伙外地人来这里偷猎,用麻醉弹击中了一只母鹰,坠地的时候嘴里还死死叼着一只野兔。金达老爹猜测巢里有雏鹰,等那伙人走了以后爬上悬崖,果然看到一只体型硕大的黄嘴雏鹰。金达老爹把雏鹰带回家悉心喂养,严格训练,后来成为本地叱咤多年的鹰王。金铃铛嘴里说个不停,脚下不敢懈怠,两人很快下到了谷底,隐进遮天蔽日的丛林。

巨鹰并不恋战,见他们平安着地,身姿陡然一转,伸展双翼往远处飞去。金铃铛望着大黑远去的身影有点依依不舍,说:"这几年大黑老了,金达老爹不舍得再让它辛苦,就放它回归山林颐养天年,我也不能经常见到它了。""如果是我养的,我可能舍不得放它走。"石向南实话实说。金铃铛嗤一声笑了:"我爹也舍不得,经常去山里住几天,陪它待着呢!"

石向南跟着金铃铛回到她家时,金达老爹正靠在床头抽烟,呛得一阵阵咳嗽。"你怎么又抽上了?"金铃铛劈手夺下他的烟,不由分说地捂上被子,金达老爹顺从地躺了下来。石向南的目光一扫,不由得一怔,金达老爹鞋子上居然沾着滑腻的青苔。

木雄飞回来时非常狼狈,右脚一瘸一拐,脸上有明显的擦伤痕迹。木雄飞说他在找人帮忙的路上被金雕盯上,结果滚下山坡,跌伤了一条腿,一步一挪拖着回来的。金铃铛瞪了石向南一眼,意思是说你这小人之心,人家木雄飞没及时救他们是因为他们自己出事了。石向南假装没看见。

这一切都落在金达老爹眼里。他看了木雄飞一眼，冷淡地说："受伤了就回去歇着吧!"自从金鹏出事，金达老爹一直对他淡淡的。木雄飞只好讪讪地回去了。金铃铛有些不满："爹，是我哥拉上雄飞哥去打猎的，这事其实不怪雄飞哥。"金达老爹哼了一声，石向南开门见山地说："老爹称病暗中调查，可见你也怀疑金鹏的死不是意外。"金达老爹一怔。金铃铛说："你胡说什么呢?"石向南示意她看床下的鞋子，这下金铃铛也发现问题了。

金达老爹见自己被揭穿，索性坐起来抽了一口烟，这次倒是一声也不咳嗽了。金铃铛瞪大眼睛："爹，你真是在装病啊？这到底怎么回事?"缅甸境内开采玉石的私矿很多，金达老爹说金鹏出事前跟他提过，怀疑有人从野人山走私。金达老爹当时并不以为然，在中缅边境，野人山的凶险就是一道天然屏障。那些走私的就算不怕半路死人，还怕货带不出来糟践了东西呢!

石向南问："如果携带走私物品的不是人，而是鹰呢?""你这娃娃怎么知道的?"金达老爹一惊。他这些天暗中调查，发现木雄飞带着驯鹰打猎，进山后就放飞苍鹰，通常一个小时左右苍鹰才飞回来，也不见抓着什么猎物，木雄飞收了鹰就回去了。"你们怀疑哥哥发现雄飞哥走私，被他杀了灭口?"金铃铛睁大眼睛，"这不可能，野人山横跨五六百千米，苍鹰一来一回怎么也得两个小时。雄飞哥的鹰一个小时就折返，时间上就不对。再说鹰的性子傲，只认一个主子，走私这种事总得双方进行吧?"

"那些鹰已经没有自己的独立意识了，包括那只金雕在内，不过是任人驱使的傀儡罢了。"石向南坦承自己并不是记者，而是一名研究生，一直跟着导师研究电子科技在生物学领域的运用。半年前，他的导师左教授成功地在鸽子脑部安装电子芯片，从而控制鸽子的行为。然而没等申报专利，左教授就突然失踪了。左教授失踪那天曾经发给石向南一段录音，从对话中可知，他被一伙人强行"聘请"了。

“他和对方谈条件时故意提高声音，强调目前实验仅仅在鸽子身上取得了成功，对鹰属物种没有把握，问那些人如果失败了酬金怎么算。我知道教授在给我提示，我从鹰着手，一直查到这里。”石向南情绪激动地说，“木雄飞的鹰只飞一半距离，很可能在野人山有个中转地点，教授就被软禁在那里操控鹰奴。那个采药人只受轻伤，而且伤口集中在‘左’半边，极有可能是左教授趁人不备发出的求救信号。”

金达老爹听完，嘴角因痛楚而抽搐了几下。金铃铛瞠目结舌，事情正在朝她不愿相信的方向发展。这时扑棱棱一阵声响，屋门前好似一片黑云压下。石向南一看，那只巨鹰正歪着头警惕地打量着他。

鹰能在万米高空发现猎物，除了视力好，还因为动物的尿液粘在青草叶片上会形成一种特殊的紫外光谱。鹰眼对这种光谱有超强的识别能力，这在选猎物阶段就大大缩小了范围。金达老爹事先在大黑翅膀下藏了蘸有兔子尿的棉花团，两者搏斗中，金雕身上难免沾上尿液。大黑咕咕几声，金达老爹面露喜色，翻译说：“大黑已经跟着兔子尿的痕迹，找到了他们落脚的地方了！”

石向南大喜，三人当即稍做准备，在大黑的带领下深入野人山腹地。来到一处峡谷时，只见谷底尽是腐臭稀烂的沼泽地，上面生长着密不透风的灌木丛，黑压压的蚂蟥在里面扭曲攒动。石向南看得头皮发麻，只见金达老爹拿出三节穿有小孔的竹筒，里面是专门驱逐蚂蟥的秘药，一拔下小孔的塞子，就有细细的黄色粉末缓慢地洒出来。石向南和金铃铛带上秘药下到沼泽里，那些蚂蟥一见，果然潮水般往后退，围着他们不敢靠近。

这时在前面带路的巨鹰忽然折返飞了回来，不停地发出警告的鸣叫声。金达老爹面色一沉：“不好，前面有危险。你们快躲起来，不管发生什么事都不要出来。”话音刚落，那只索命金雕已经飞掠而至，与巨鹰交上手了。巨鹰到底年迈，深知不便久战，便装作败逃。金雕果然上当，挨了沉重一击。石向南和金铃铛正为巨鹰高兴，突然响起一声枪响。巨鹰一声悲鸣，明显中弹了，身体歪斜着来回盘旋。

金达老爹急忙弯曲手指送进嘴里，打出一声让它快走的哨响。巨鹰听到哨声后极力平衡身体，伸展双翼掠过山尖，很快不见了。金达老爹正要赶紧躲进灌木丛，不料身后传来一个熟悉的声音："老爹不是在生病吗？这么快就好了？"金达老爹转过身，看到木雄飞正站在一伙人中间。石向南和金铃铛对视一眼，那伙人正是在赛鹰现场出现的缅甸人。

"你的腿脚好得也挺快。"金达老爹反唇讥讽，语气中有股悲凉绝望，"你没爹没妈，自小跟着金鹏一块吃睡，我们一家对你怎么样？你对金鹏下得了手？"木雄飞听了有所触动，为难地说："金鹏的事不是我做的，本来我已经替他求了上头，让他入伙一起发财，可是他试图把消息传回局里。为了这件事，我都险些受到牵连。"曾经奚落过金铃铛的年轻人听得不爽，说："你这么说，是在怪吴先生了？"

木雄飞看了一眼带头的中年男子，话里有话地说："这边的事本来是由我处理负责，吴先生不辞辛苦带着金雕来帮忙，我感谢还来不及，怎么会怪他？"吴先生听出他的不满，笑笑说："既然这样，今天的事由你自己处理，你就亲手送他上路吧！"木雄飞一怔，却也知道金达老爹知道了太多内幕，今天是活着走不出去了。权衡之下，他举起枪对准了金达老爹。

金铃铛急得额上渗出一层细密的汗珠，如果不是石向南按住她，只怕已经冲了出去。金达老爹双目如炬死死盯着他，木雄飞一时竟无法开枪。吴先生哼了一声，使个眼色，那个年轻人对准金达老爹就是一枪。金达老爹看见自己胸前涌出一朵血花，咕咚栽倒在地。金铃铛浑身一震，嘴巴被石向南紧紧捂住，泪水泉涌一般漫出眼眶。

石向南和金铃铛躲在灌木丛里，等木雄飞和那伙缅甸人离开后才急忙奔出来，金达老爹早已没了气息。哥哥坠崖，父亲遇害，自幼依恋的木雄飞成了间接害死他们的凶手，接踵而至的打击让金铃铛无法承受，整个人都要崩溃了。石向南看着她满面泪痕、恍恍惚惚的模样，又心疼又焦急："铃铛，现在不是哭的时候。如果任由他们逍遥法外，老爹和金鹏岂不是白死了？"金铃铛听了，噙着泪水的双眸射出一道精光。

两人不敢贸然回家，把老爹的遗体封在一个石洞里，连夜上了遮云峰。遮云峰是大黑栖息的地方，在延绵险恶的野人山，没人带路想找到走私团伙的落脚地点几乎是不可能的事，大黑是最后的指望。两人攀上悬崖，翻进一个洞穴，只见大黑耷拉着翅膀窝着不动。金铃铛检查了一下，万幸子弹从大黑翅膀间的软骨组织穿过，虽然伤得不轻，到底性命没有大碍。

洞穴里除了巨鹰的巢穴，还有一张平坦的石床，一只简易炉灶和不少存粮，都是金达老爹用过的。石向南心里踏实下来，这些存粮能对付些日子，到时大黑的伤也该养好了。不料从第二天开始，大黑就出现了怪异的情况。一开始它只是啄身上的羽毛，一根一根拔下来，搞得自己奇丑无比；拔完羽毛后，大黑又把利爪逐一撕下，两只鹰爪鲜血淋漓；最后在岩壁上使劲击打自己的喙，直至脱落，整个场面触目惊心。

石向南惊疑地问："它为什么要自残？难道是挫败感让它丧失神智了吗？"金铃铛也是大惑不解，忽然眼前一亮："难道鹰的重生是真的？"石向南问她怎么回事。金铃铛兴奋起来，说当地一直流传着鹰能重生的传说。在纳西族人看来，鹰是最接近神明的鸟，其中有一种神鹰到了垂老之际就会拔掉自己的羽毛、利爪，击掉旧喙，等它重新长出新的羽毛、利爪和喙，也就赢得了新生，还可以再活上几十年。"金雕被人操控着，凶狠又无所忌惮，如果鹰伯伯不经过这样的磨难达到新生，根本无法和它对抗。"金铃铛大为感动。石向南也不禁动容，两人一心一意守护着它。

大黑重新翱翔天际的那一天，木雄飞带人攀上了遮云峰。涅槃而生的大黑羽毛乌亮，双足和钢铁般的喙都泛着金属的光泽，神采奕奕，孤傲超群，带着君临天下的非凡气度。此时的大黑对付两三个人简直是小菜一碟，然而金铃铛弯曲手指打了个让它离开的唿哨，并不让它来救自己和石向南。“铃铛，我一直在找你，你怎么躲在这里？”木雄飞看了她和石向南一眼，心疼而尖酸地说，“不管发生什么事，我都会保护好你的。你信一个外人，却信不过我吗？”

“你手上沾着我爹和哥哥的血，还让我相信你？”金铃铛语气悲凉而决绝，“可惜我未必还那么傻，事事都信你的。大黑很快就会带着警察找到你们的老巢，你们中任何一个都不要妄想漏网，我爹和哥哥不会白死的！”木雄飞脸色一寒，身边的一个小弟说：“雄哥，这妞留不得啊！”木雄飞缓慢地举起枪，对准金铃铛。金铃铛大笑起来，眼泪慢慢溢出眼角，点点头说：“这就是你保护我的方式吗？”

“不许动，举起手来！”这时几名特警翻进山洞，一齐将枪对准了他们。木雄飞措手不及，还没反应过来就被反剪双手，拷在身后。石向南这才笑着说：“不妨明白告诉你，我们早就变被动为主动，暗中和警方取得了联系。之所以一直住在这里，就是在等你们现身罢了。”“是你逼我的，所有事都是你们逼我的！金鹏一定要我坐牢，金鹏死后你爹又盯着我不放，你现在又算计我，我不过想多赚些钱，过得好一点，我有什么错？”木雄飞情绪失控地挣扎着、咆哮着，石向南暗暗攥住了金铃铛颤抖的手。

正如金铃铛所说，大黑飞出去之后，等候已久的特警和海关缉私人员立刻跟着进了野人山。这次和金雕的搏击战，大黑始终稳占上风，成功抵达腹地深处的一栋树屋前。警员们立刻控制了那栋树屋，拘捕了包括吴先生、哥豪等人在内的一伙走私成员，解救出被软禁的左教授和数十只苍鹰。这里正是走私团伙的中转站，一旦这个环节被端掉，整个链条就土崩瓦解了。

在一个碧空如洗的秋日，石向南陪同金铃铛来到野人山，接回金达老爹的遗体，重新安葬在金鹏的坟墓旁边。寄托哀思的凝重时刻，天边传来一声熟悉的鹰呖,大黑从山的那头远远飞来。金铃铛喃喃低语:“爹,你和哥哥好好安息吧,我和大黑都会好好的。”石向南扭头看向她,飒飒秋风正扬起金铃铛的裙裾,那双明亮如秋水的眼眸含着泪水。

与鹤同行

十月份的齐齐哈尔已经很萧瑟了，扎龙自然保护区的鹤群开始向南迁徙，飞往江苏盐城过冬。江城驾着滑翔机进入扎龙境内不久，就遇到一队迁徙的鹤群。湛蓝的天空下一队白鹤煽动银翼，伸颈并足，姿势优美高贵。江城看得激动，他是一家大公司的高管，自幼对鹤情有独钟，这次借休假的机会到扎龙来，就是要与鹤同翔，一了夙愿。

鹤群很快飞了过去，江城调整滑翔机方向，不舍地跟在鹤群后面不远处。忽然一声枪响，鹤群顿时发出清越嘹亮的鸣唳。江城大吃一惊，只见整个鹤群已经被惊得乱了队形，直腾高空，惶惶然四下盘旋。每年的鹤群大迁徙都会引得偷猎者垂涎觊觎。比起暴风雨和天敌，枪声更让鹤群心惊胆战。

被击中的是一只体型优雅的雌性白鹤，左侧的翅膀耷拉下来。尽管它拼命挥舞完好的那只翅膀，还是飘飘摇摇脱离了队伍。江城立刻拉下操作杆，追着那只白鹤飞了过去。白鹤又惊又怕，拼命飞离滑翔机。江城围着白鹤飞翔盘旋，始终保持一定的距离，跟着它不断降低高度。白鹤体力不支，看准一大片枯黄衰败的草丛，打算遁身其中。这时有个戴着鸭舌帽的男人从草丛里钻了出来，端起猎枪再次对准受伤的白鹤。白鹤一惊，立刻挣扎着再次腾空。

“不要!”江城下意识地大叫一声,冒险地抢在白鹤前面。戴鸭舌帽的男人没料到他这么大胆,惊慌过后跳脚大骂。江城追上白鹤,聪明的白鹤已经分清敌我,和滑翔机平行飞翔了一会,一头扎进了江城怀里。江城被它硕大的身躯冲得一阵摇晃,心里却大喜。他打开动力装置,滑翔机立刻嗡嗡着飞向云端。

徘徊等待的鹤群见江城载着白鹤归来,都围绕着滑翔机鸣叫。白鹤扭头看了江城一眼,冲着鹤群发出一声极具穿透力的鸣叫。江城疑惑不解,在白鹤连续鸣叫几声之后,鹤群重新列队,跟着滑翔机飞了一会,然后振翅向着南方飞去。

江城恍然大悟,白鹤的意思是让它们不要再管它,继续向前飞行。白鹤目送它们渐渐飞远,不断涌出的鲜血染红了白羽,无力地将头垂在江城的手上。江城一阵心酸悲怆,掉头向北飞去。扎龙一定有救助站,他要不惜一切救活这只白鹤。

滑翔机降落在一个叫青羽的小型救助中心,江城抱着受伤的白鹤冲进简易围墙,大声地叫道:“医生,医生! 请救救它!”一个大眼睛的短发女孩闻声跑出来,顾不上盘问,先查看白鹤的伤情。“它要死了吗? 它已经死了吗?”江城看着毫无知觉的白鹤,惊恐地追问。“是麻醉弹,不是致命伤,没有生命危险。”女孩说,“不过子弹还在里面,要马上取出来!”江城松了一口气。女孩接过白鹤,抱进屋娴熟地为它止血取子弹,然后上药包扎。

“为什么是麻醉弹?”江城不解地问。女孩额上渗出细密的汗珠,气愤地说:“这些都是走私卖到国外的,活的鹤可比死的值钱多了!”女孩说她叫柳怡,和爷爷柳兴旺一起在这个救助站工作。江城讲了白鹤遇袭的经过,两人同仇敌忾,一下拉近了距离。

白鹤苏醒后,柳怡给它喂了水,安置在一个笼子里。这里至少还有上百只背上青灰、两颊胭红的成年白枕鹤,其中一对交颈嬉戏,雄鹤伟岸,雌鹤优雅,尤其神采出众。“它们是鹤群的金童玉女哦。雄鹤背上像一幅水墨画,所以叫丹青;雌的两颊有红晕,叫朱颜。”柳怡自豪地说,“丹青还是领头鹤呢!”“名副其实,我救的那只可以叫白雪!”江城笑着说,忽然发现它们好像一点也不着急迁徙过冬的事,飞舞觅食后,悠然回到巨大的网仓休息。江城提出疑问,柳怡不答反问:“白枕鹤每次下两只蛋,却永远只是三口之家,你知道为什么吗?”

江城摇头,柳怡回答:“白枕鹤父母只有能力抚养一个孩子,孵出两只宝宝后,它们会挑出强壮的那只精心喂养,被淘汰的就夭折了。白枕鹤越来越稀少,这些都是我们捡回来的输在起跑线的宝宝。它们没有老鹤带领,无法独立迁徙过冬。”江城再次看向那些白枕鹤,不禁动容。

这时,外面传来鸣笛声,两辆车直接开进工作站。“柳怡!”一个戴眼镜的白净青年从二手奇瑞车里钻出来。柳怡欢欣地拉住他的手,两人明显是情侣。另一辆车就比较名贵,从车里走出来的是一个胖胖的中年人。江城一眼看到跟在他身后的随从,顿时瞪大眼睛。那人戴着鸭舌帽,正是打伤白鹤的偷猎者。鸭舌帽早就看到停在外面的滑翔机,也在看着他。

江城顿时怒火中烧:“打伤白鹤的就是他,我马上报警,一定要严惩这些偷猎贼!”柳怡听了这话脸色一变,质问陶俊杰:“真是你们打伤的?”“糊涂东西,说好来打野鸭子,你怎么敢打鹤?”中年男人骂道。“一场误会,”陶俊杰解释并从中周旋,“这位是陈大福陈老板,我们头儿的朋友。没事来散散心,就想打几只野鸭子玩玩!”陶俊杰在扎龙机关单位工作,难免做些逢迎的事。柳怡隐忍不语。江城看透这一切,冷哼一声,转身回去照顾白鹤了。

陈大福及其随从参观了工作站,就先告辞了。晚饭时,爷爷柳兴旺从城里回来就愁眉不展,见有客人才打起精神招待。“爷爷,事情有眉目了吗?”柳怡关切地问,柳兴旺摇头不语。江城一问才知道工作站的这些白枕鹤要留

下过冬，必须要有完善的房舍和保暖设备，还要有足够的食物，这是一笔很大的开支。眼看一天比一天凉，柳兴旺需要的经费还没有着落。江城蹙眉思索，脑海中忽然灵光一现，兴奋地说："没有这些也不要紧，我可以用滑翔机领航，带它们去盐城过冬！"柳兴旺一愣："这能行吗？"

"扎龙到盐城两千多千米，对于鹤群来说快则一天，慢则一天半，一定可以到达。我这架滑翔机很先进的，时速可以达到一百五十千米以上。只要取得鹤群的信任，一定没有问题！"江城又讲出救助白鹤时的情形，坚信鹤是有灵性的，能和人沟通交流。柳兴旺激动不已，一把攥住江城的手，说："要是这样，我可要替这些白枕鹤好好谢谢你！"陶俊杰一直沉默不语，这时忍不住看向江城："这么说，你是要住上一段时间了？"

不管陶俊杰多么不乐意，江城还是留下来了。为了万无一失地把鹤群带到盐城，江城开始正式训练。他把滑翔机重新着色，刷成和白枕鹤差不多的浅蓝灰色。他自己也全副武装，力求和白枕鹤一体，就差戴一支细长的鹤喙了。滑翔机起飞以后，江城用哨子引领鹤群。一开始鹤群只是惊诧地看着他，并不敢靠近。雄鹤丹青到底有领袖之风，最先跟着飞了一趟，接着又有几只加入了队伍。大家兴奋不已，只有陶俊杰满脸阴郁，很不高兴。

白雪的伤势愈合得很快，几天后也能慢慢跟着飞翔了，江城有意放慢速度照顾白雪。"在蓝天下与鹤一起飞翔，是什么感觉？"柳怡羡慕地问。"化身为鹤的感觉，要不要试试？"江城微笑邀请，柳怡大喜过望。"柳怡，还是不要上去了，不安全。"陶俊杰拉住她的手，但柳怡实在无法抵抗飞翔的诱惑，还是上了滑翔机。江城一直对陶俊杰用狩猎送人情的事大为不满，挑衅地冲他笑笑。陶俊杰的脸阴得能滴下水来，暗暗攥紧了拳头。

江城启动滑翔机徐徐升空，白雪和另外几只白枕鹤立刻跟上来，尾随左右。柳怡张开双臂，兴奋得大声尖叫。他们在巡视滑翔的过程中，发现一辆形迹可疑、改装过的大卡车，几个人正在往车上搬什么东西。江城降低飞行高度，那几个人发现了滑翔机，立刻加快速度，锁上厢门。江城一眼看到戴鸭舌帽的熟悉身影，诧异地说："陈老板他们还没离开？"柳怡皱起眉头，说："这件事有些蹊跷，我们先回去！"江城颔首，掉头返回工作站。

一回到工作站，柳兴旺就急忙迎上来，见他们和几只鹤安然无恙，这才松了一口气。柳兴旺说刚刚得到消息，扎龙这几天出现了一只巨型怪鸟，很多白鹤都遭了毒手。柳怡把见到可疑货车的事说了一遍，三人商议尽快引鹤南下过冬，离开这个是非之地。这时，陶俊杰跑过来，上气不接下气地说："不好了，芦苇荡来了一只怪鸟！"三人一愣，几乎同时拔足飞奔而去。

出乎大家意料的是，这并不是传闻中的怪鸟，而是一只途经工作站的野鹤，只是比平常的鹤大了很多，它目光犀利精睿，鸣声透亮直达云霄，立时风姿卓然，展翅的刹那神采动人，独有一种雄霸天下的不羁气概。鹤类从来就是忠贞的爱情鸟，在一生漫长的几十年里，就算失去配偶也单身到老。但凡事都有例外，雌鹤朱颜似乎怦然心动了。

野鹤也对朱颜恋恋不舍，流连不肯离去。雄鹤丹青不甘戴绿帽，与它进行了一场殊死搏斗。虽然两个都掉了很多羽毛，但丹青明显处于劣势。"丹青完了，这根本就是小业主碰上耍酷的高富帅啊！"陶俊杰物伤其类，不禁哀叹。柳怡嗔怪地瞪他一眼，说："你胡说什么，朱颜不会离开丹青的！"陶俊杰听到这句话，一直阴云密布的脸才稍稍放晴。江城看在眼里，但笑不语。

野鹤见强攻不成，开始智取。它不知从哪弄到了小孩玩的玻璃球弹珠，衔来送给雌鹤朱颜。这一招很管用，朱颜开始飞出去和它约会，而且主动用喙为它梳理羽毛。雄鹤丹青成了呆头鹤，傻傻看着这一幕。柳怡和陶俊杰瞠目结舌，江城笑了笑，说："这玻璃珠子对它们来说，大约等同于钻石了吧！"

鹤群大概和人群一样八卦，这对三角恋吸引了所有的白枕鹤，再也没有心思追逐滑翔机飞翔了。柳兴旺为了尽快恢复训练，开始大力驱赶那只野鹤。结果适得其反，雌鹤朱颜终于在一天早晨跟着野鹤飞走了。雄鹤丹青遭到致命的打击，心碎神伤，一连几天不飞舞，不觅食，只是站在朱颜离去的方向张望。这时意料之外的情况发生了，白雪柔情款款地接近丹青，用美丽的喙轻啄抚慰它。

雄鹤丹青迟迟恢复不了状态，整个鹤群都无法训练，眼看引鹤南下的计划就要搁浅了。柳兴旺心急上火，江城承诺："如果不能顺利南下，我不会袖手旁观，一定帮这些白枕鹤顺利过冬！"柳怡喜出望外，柳兴旺则激动得连话都说不出来了。"又一枚玻璃珠子！"陶俊杰冷哼一声，"还能一箭双雕，果然人比畜生高明！"柳怡瞪他一眼，江城假装没听到。

这期间，巨型怪鸟袭击鹤群的事时有发生。好在鹤群逐渐都迁徙离开了，剩下的老弱病残都在各个工作站由人专门看护。这天天刚蒙蒙亮，江城忽然被网仓传来的鹤唳惊醒。江城翻身下床，一拉开门就被黑洞洞的枪口抵住了，是戴鸭舌帽的男人。

陈大福正在指挥手下封住网仓，瓮中捉鹤。被捉住的白枕鹤被塞进一个个大铁笼子里，装到门口的大卡车上。江城这才明白之前见到的大卡车就是陈大福偷猎用的，估计他们上次就是来这里踩点的。陈大福瞟他一眼，皮笑肉不笑地说："滑翔机能飞的地方多了去了，天堂有路你不走，地狱无门闯进来！"

柳怡、柳兴旺和陶俊杰三人也被带了出来。柳兴旺一见鹤群在网仓里上下飞舞躲避，乱成一团，顿时心痛如绞。"你们马上离开这里，不然我和你拼了！"柳兴旺气得浑身颤抖。陈大福哈哈大笑起来："捉完鹤自然就走，这还得多谢你的孙女婿，没有他里应外合，我怎么能找得到这么大一批货？"柳怡祖孙俩惊愕不已：陶俊杰是他们的内线？

陶俊杰面露尴尬，嗫嚅解释："柳怡，我也是为了挣点钱，好买我们结婚的房子！""你这个混蛋！"柳怡尖叫一声，扑过去厮打陶俊杰。柳兴旺趁机去打开网仓的备用开关,剩余的几十只白枕鹤扑棱棱腾空而起,四下逃散。陈大福恼羞成怒,一使眼色,戴鸭舌帽的男人就对着柳兴旺开了一枪。柳兴旺腹部中弹,顿时血流如注,这次不是麻醉弹。

江城大吃一惊,急忙搀扶住他。柳怡大声哭叫:"爷爷,爷爷!"陶俊杰面色骤变,质问陈大福:"你答应不伤人的,怎么可以开枪?""坏了我的财路就该死,你们这么情深义重,不如一起去吧!"陈大福翻脸不认人,戴鸭舌帽的男人再次举枪对准他们,江城急忙护住柳怡。这时一声鹤唳,白雪直冲下来,宽大的羽翼扑面打在戴鸭舌帽男人的脸上。

白雪扇动翅膀,忽左忽右,上下攻击戴鸭舌帽的男人。他很快被啄得面颊流血,气急败坏地捂着头就跑。陈大福一看白鹤掉头朝他来了,立刻钻进驾驶室。他按下开关,这辆经过改装的卡车立刻显出名堂,分体式车厢一打开,一只粘着羽毛的巨大机器怪鸟矗立在面前。陈大福坐在副驾驶的位子开始操作,怪鸟立刻腾空而起。这只机器怪鸟和飞机模型的原理差不多,嘴部有锋利的捕捉器,不但能钳制住鹤翅鹤足,还能射出强效麻醉弹。江城吃了一惊,原来这就是一直在扎龙兴风作浪的怪鸟!

白雪当然不是机器怪鸟的对手,身上被怪鸟抓出几处伤痕,很快处于劣势。虽然鹤群在附近上空盘旋,却犹豫不敢下来。江城心急如焚,这时一前一后两只鹤影飞掠而过,身姿潇洒优美。柳怡大叫:"是野鹤和朱颜!"野鹤力气极大,两足抵住怪鸟一蹬,居然蹬得它翻出好几米远。雄鹤丹青一见它们舍命来救白雪,顿时被激发出不服输的斗志,直冲下来。

两对情侣鹤缠斗机器怪鸟,江城看得目不暇接。雄鹤丹青斗志昂扬,仰天一声鸣唳,白枕鹤们纷纷俯冲下来,围攻陈大福的手下,众人招架不迭。江城趁乱把柳兴旺背到后院,他的滑翔机就停在那里。"别管我,快,拢住鹤群!"柳兴旺拉住江城的手,吃力地说,"多厉害的鹤也不是铁鸟的对手,带它们去盐……盐城……"

柳兴旺拼劲力气说完这几句话，就昏迷了过去。柳怡不敢大声，压抑地哭泣："爷爷，爷爷……"是救柳兴旺，还是救鹤群，江城难以取舍。"我那辆破车还在外面，把爷爷交给我吧，我送他去医院！我会去自首、报警。你们引领鹤群往盐城去吧！"陶俊杰眼眶通红，在他看来，做出这个决定也就等于把柳怡亲手交给了江城。

"俊杰！"柳怡只叫出这一声，再也说不出一句话。"那只怪鸟要靠车里的计算机系统操作，追踪范围有限，你们只要逃出追踪范围就安全了！"陶俊杰凄然一笑："去吧！"他背起柳兴旺，悲壮地大踏步向外走去。这时空中传来雌鹤朱颜凄惨的一声鸣叫，很明显它受伤了。江城不敢再耽搁，拉着柳怡上了滑翔机升到了高空。

天色已经透出清亮，江城清晰地看到雌鹤朱颜身上都被鲜血染红了，却依然和野鹤并肩而战。江城把口哨放进嘴里一吹，熟悉的哨声立刻回响在空中。雄鹤丹青似乎明白了江城的用意，用一声鸣叫发号施令，白枕鹤们立刻向着滑翔机聚拢。丹青、白雪在前面引路，野鹤、朱颜断后，大家首尾相顾，列队飞行。

江城加快速度，希望尽快飞出陈大福那只怪鸟的追踪范围，但它还是追上来了。经过刚才的惨烈搏击，怪鸟身上粘的羽毛已经尽数脱落，露出金属身体，看起来越发诡异，它最先靠近雌鹤朱颜，给予了致命一击。原本就伤痕累累的朱颜再也无法支撑，像一只断线的风筝直坠下去。雄鹤丹青和野鹤几乎同时俯冲下去，最终是丹青驮起了雌鹤朱颜。野鹤护送它们归队后，立刻掉头直冲着怪鸟飞去。

野鹤伸展双翼，目光犀利冷峻，与机器怪鸟奋力搏击。这时雄鹤丹青发出一声凄厉哀绝的啼血唳叫，江城的心顿时一沉，一种不祥的预感涌上心头。柳怡颤抖着说："朱颜可能不行了……"雄鹤丹青盘旋哀鸣，忽然脱离队伍向前面的山崖飞去，眼看就要撞上山崖，它却丝毫没有减速或者闪避，反而用尽力气向前冲去。江城顿时明白了它的意图,雄鹤丹青要撞崖殉情!

丹青背负着朱颜即将撞上山崖的刹那,江城几乎闭上眼睛。忽然一道白光闪耀,白雪斜刺插入,挨了丹青重重一击,一起往下坠去。“白雪!”江城大叫一声,整颗心都揪了起来。经过这一次猛烈撞击,雌鹤朱颜的尸体早就坠落无踪。雄鹤丹青徘徊哀鸣,白雪贴着它飞翔,引导陪同,不离不弃。

江城不禁湿了眼眶,回头一看,野鹤正和机器怪鸟缠斗得难解难分,身上已经多处重伤了。江城和柳怡束手无策之时,雄鹤丹青终于跟着白雪腾空飞上来,一起夹攻机器怪鸟。野鹤在刚才的缠斗中发现怪鸟的背部是个盲区,没有任何的攻击能力,而丹青的殉情给了它启发。野鹤一个飘忽转身,两只利爪死死扣住机器怪鸟的背部,挥动翅膀向着山崖飞去,对着崖壁猛地一扔。怪鸟虽然没有立刻坠毁,却开始左右摇晃,平衡系统显然出问题了。

丹青、白雪迅速明白了野鹤的战术,立刻与它势成三角,轮番抓住机器怪鸟撞到崖壁上。几个回合下来,机器怪鸟终于坠落下去。丹青、白雪和野鹤依次归队,鹤群响起祥和而温馨的鸣叫声。“它们胜利了!”江城动容。“爷爷还不知道怎么样,俊杰做出这样的错事,我真不知道怎么面对他……”柳怡凄然一笑,“倒还不如做一只不解世事的鹤,悠然翱翔九天也就够了。”

江城不禁感慨,忽然发现野鹤慢慢脱离了鹤群,意外地说:“你快看,野鹤要和我们分道扬镳了吗?”柳怡看了脸色一变:“它不行了,伤得太重,飞不动了!”江城一惊,情急之下就要驱动滑翔机去接它。雄鹤丹青和白雪却先一步离队飞到了它身边,围绕盘旋,似乎在安慰它、鼓励它。野鹤尽力扇动翅膀,但还是逐渐向下坠去。

这时,让江城毕生难忘的一幕出现了。丹青与白雪伸出又长又宽的翅膀,一左一右伸到野鹤肋下,将它抬了起来。它们用力挥舞各自的单翅,却形成一双有力的翅膀,载着野鹤慢慢飞回来,重新归队。在经历了这么多生死变故后，善良而有灵性的鹤选择了冰释前嫌，不离不弃，相扶前行。

江城被震撼了，心潮久久无法平复。柳怡则泪流满面，也许她的困惑已经有了答案。跟着鹤群找到一股强劲的气流后，江城关闭了动力系统，与鹤群一起滑翔。凭借这股气流，鹤群可以节省一半的体力，顺利到达目的地。阳光终于挣破阴霾，洒下明亮温暖的光辉，盐城近了。

江湖无兄弟

夜幕就像魔术师手里的黑布，在旧城区城隍庙广场轻轻一拉，白天的破败萧条顿时隐匿无形。鳞次栉比的发廊、网吧开始热闹起来，人们在这里汇聚，各取所需。迟海和小胖无视身边的热闹，拐进一条光线幽暗的胡同，一直朝里面走去。胡同尽头是个地下赌博游戏厅，一个老乞丐守在门口把风，每月可得五百块钱辛苦费。

这里只接待熟客，迟海和小胖经人介绍已经来了好几次，老乞丐眼皮都没抬，任由他们从面前过去。大厅里烟味呛人，人们正在玩着时下最流行的大金鲨赌博游戏。庄家制定每分为一百块钱，赌客可以自由选择大小倍数押注，结束时到柜台换取现金。有人在这里一夜暴富，也有人倾家荡产。迟海不贪不急，每次赢够两三万就收手离开。

迟海交钱买了分值，看场子的金牙荣叼着烟，让人给安排了一台机子。迟海先押小注热身，随意玩着，磨蹭一两个小时后开始下大的了。等到积分达到200左右时，迟海押了一把大的，只听叮的一声，计分器翻到了350分。“走了！”迟海兴奋地起身，来到柜台换了35,000块现金。小胖乐呵呵地收了钱，塞进自己腰间的挎包里。

两人刚要离开,金牙荣过来了,露着一颗大金牙,似笑非笑地说:“冒犯两位了,场子里丢了件贵重东西,麻烦配合下!”“荣哥这么做,不是怀疑小弟吗?”迟海说着就把外衣脱掉,露出健硕的肌肉和青龙文身。“得罪,还请包涵!”金牙荣一使眼色,两个伙计又朝小胖身上摸去。迟海心里咯噔一下,大金鲨游戏很少能有人稳赢不输。迟海在计算机上极有天分,居然捣鼓出一个能调节游戏难易度的微型遥控器,就藏在小胖口袋里。要是这玩意被金牙荣搜出来,不被卸掉一条胳膊,也得断条腿。

“快跑!”迟海大叫一声,小胖拔腿就跑。迟海刚冲到门外,身上就挨了棒球棍重重一击,半边身子立刻剧痛难忍。迟海不敢大意,就地一滚,迅速翻转起身,一手抓住迎面劈来的棒球棍,朝对方狠踹一脚,把棒球棍夺了过来。“给我堵住他!”金牙荣气急败坏地喊,又有七八个兄弟冲出来。

望风的老乞丐为了表现忠心,一把搂住迟海的双腿。迟海又气又急,提着衣领把他塞进墙边的垃圾箱里。这一耽搁,后面的人已经蜂拥而上,围住了迟海。迟海一棍一个,避开头部,专砸对方的肋骨。两肋是人体最薄弱的部分,虽然没有致命危险,但肋骨一断,大罗神仙也扛不住那种剧痛。一时哭爹喊娘,地上躺倒一片。迟海傲然而立,大有越战越勇的势头。

“海子——”忽然身后传来小胖哭喊的声音,迟海扭头一看,小胖被左右夹住,脖子上架着一把泛着寒光的匕首。金牙荣手里摆弄着那个微型遥控器,皮笑肉不笑地说:“在我眼皮底下玩猫腻,我倒要看看你够死几次的!”

迟海和小胖落在金牙荣的手里,只有做人肉沙袋的份了,被狠狠收拾了一顿。小胖打小就有贼心没贼胆,现在近视眼镜也碎了,两手护头,呜呜哭起来。“别再打他了,都冲我来好了!”迟海忍无可忍,大喝一声。“够义气!”金牙荣伸出拇指,说,“本来我打算卸你们一人一条腿,这么说,你两条腿都留下?”迟海一愣,这才意识到事情的严重性。

小胖哭着说:“海子,我们把前几天赢的钱拿回来吧,给荣哥认个错!”金牙荣一听也不置可否，冷冷笑了一笑，让人心里发毛。这时，一个小弟走过来，低声说："荣哥，接七哥的车回来了，其他几个场子管事的已经过去了！"迟海一听这话，顿时如看见一线生机，脱口而出："我要见唐阿七！"

金牙荣诧异地转过头看他。唐阿七是他们这一带势力的头儿，八年前因一宗文物走私案入狱，今天才刚刚放出来。除了他们几个混了多年的老人，小兄弟们很少知道他了。唐阿七入狱时，迟海不过是个半大孩子，怎么张嘴就叫出他的名字，还要见他？

"想见七哥的人多了去了，你说说，七哥为什么要见你？"金牙荣问。迟海简洁有力地回答："我爸是迟东兴！"金牙荣顿时变了脸色。迟东兴是当年唐阿七身边最得力的兄弟，跟随他参与很多生意，后来在抓捕中被流弹击中身亡。这个小子居然是迟东兴的儿子？唐阿七重视兄弟情分，一直对迟东兴的死难以释怀，要是他真打残了迟东兴的儿子，唐阿七一定会要他好看的。想到这里，金牙荣态度缓和下来，带他们来到酒店。

唐阿七已经从头到脚焕然一新，一帮兄弟们簇拥着他坐在上首位置，不怒自威。迟海有点意外，他想象中的唐阿七凶神恶煞，满脸横肉，哪知面前这人五十多岁，身材偏瘦，穿一身象牙白雪绸衣裤，竟有几分儒雅。不知道的人，还以为是吟诗作画的风雅人士。迟海按捺住内心的好奇，恭敬地喊了一声七叔，学着道上兄弟的样鞠了一躬。

"青出于蓝而胜于蓝，是个好苗子！"唐阿七淡淡地笑笑，"东兴和我，不比旁人，你放心，我会照看你的。先和阿荣一起打理游戏厅吧，等过一段我闲了，再安排你做重要的事。"迟海一愣，他原本只打算唐阿七看在父亲面上，能饶过他和小胖，现在居然被收在麾下了。

回来的路上，小胖兴奋不已，摩拳擦掌："这下好了，有唐阿七在，看谁还敢欺负我们！"迟海有点顾虑："我答应过我妈，不干我爸这行的！"想起小时候爸妈吵架，妈妈像疯了一样，声嘶力竭地喊："我过够这样担惊受怕的日子了！你别再干这个了，去扛包也好，捡破烂也好，不然我们就离婚！”结果没来得及离婚，爸爸就去世了。

“你不做？”小胖有点意外，“那怎么养你妈？”迟海心烦意乱。妈妈的肾不好，虽然已经做了移植手术，但一直很虚弱，平时全靠药物和营养品维持，这就是一笔不小的开销。“到时再说吧，我是很想挣钱让我妈过好日子，可也不想惹她生气。”迟海无奈地说。

迟海和小胖分手后，先找个地方把身上画的青龙洗掉，才敢回家。刚到家门口就看见妈妈王静竹拿着饭勺，正在往门外轰一个男人。王静竹情绪非常激动，像个泼妇一样大骂：“滚，你给我马上滚！我就是让小海去扛包，去捡破烂，也不会让他再干那一行！”

那个男人不到四十岁，国字脸，眉宇间隐隐透出一股英气，鬓角边一块铜钱大小的疤痕，更添了几分男人的成熟魅力。他离开时经过迟海身边，深深地看过来一眼，迟海顿时有种说不清的异样感觉。“妈，那人是谁啊？”关上门后，迟海忍不住问。王静竹说：“是和你爸爸一起在道上混的人。小海，咱们就是穷死饿死，也不能再走你爸的老路，记住了吗？”

迟海点头，妈妈并不知道他刚刚见过唐阿七那伙人。如果这个人真如妈妈所说，是和爸爸一起混的兄弟，今天这样的场合，一定会出面为唐阿七接风。妈妈显然在撒谎。他们谈话中提到小海，难道这个男人是来找他的？迟海暗暗诧异：这人到底是谁？有什么目的？

第二天一早，迟海陪妈妈到医院做检查。“你的身体每况愈下，我还是建议你使用进口药物，虽然价钱有点贵，但疗效非常好。”医生再次提议，妈妈犹豫很久，还是委婉地提出让医生开一些便宜的药。家里状况不好，不但用不起好药，妈妈连排骨都不舍得买了。迟海暗暗攥紧了拳头，决定瞒着妈妈，第二天就去金牙荣那里看场子。

有唐阿七这个靠山在，迟海身份大为不同，连金牙荣都对他客气起来，手下的兄弟们一律称他海哥。小胖屁颠屁颠地跟着他进进出出,使尽了威风。迟海这时却开始感到不安起来,好几次都感觉到有人在跟踪他。

这天收工回家时,天已经快亮了。迟海又感觉背后有人,于是拐进一条岔道极多的小巷,然后从背后迂回过来。昏暗的光线下果然有个男人站在路口,仿佛在犹豫迟海走的是哪一条路。"你天天跟着我,又没下一步动作,到底想干什么?"迟海开门见山地问。那人很意外背后传来声音,猛地转过身,迟海认出他是妈妈轰走的那个国字脸男人。

"小海,你好。"国字脸男人考虑了一下,索性开门见山,"我叫冯子明,是你爸爸的同事。"迟海一愣:"我爸爸的同事?"冯子明坚定地回答:"是的,我和东兴是警校校友,也是同一年参加工作的。"这句话像是焦雷一样在迟海头顶滚过,他瞪大眼睛:爸爸是警察?

"你跟我来。"冯子明警惕地左右看看,拉开距离走在前面。转过几个街口,带他上车,来到了市博物馆。值班的工作人员认识冯子明,打开门让他们进去了。迟海诧异不已,冯子明带他来这里干什么?

"当年我和你爸爸参加工作后,我分在了局里,而他有更重要的任务,负责潜入唐阿七的势力团伙。为了保护你爸爸,他的档案全部注销,只是一个社会闲散人员。"冯子明一边往里走,一边说,"你爸爸非常优秀,提供了很多有利线索。那次伏击文物走私案,就是你爸爸在做内应。你看,这些就是那批货。"

迟海停在一个展柜前,里面是琳琅满目的东窑唐三彩,其中一匹奔马俑神采俊逸,鼻孔微微喷张,极为传神。卡片上介绍这些文物件件价值不菲,尤其是那匹马,价值与等量黄金相同。

"这批货一到手,你爸爸就传回消息,我们经过调查核对,证实这些正是洛阳一家古墓失盗的殉葬品。"冯子明说,"但你爸爸和这批货突然失踪了,我们试了很多方法,都联系不到他。直到一个月后,他主动传回交易的时间和地点,我们才紧急布置伏击。你爸爸被流弹击中的时候,包里提的就是这件奔马俑。”

迟海忍不住脱口而出:“这样的话,我爸爸不是以身殉职吗?他生前隐瞒身份当卧底,死后为什么没有为他正名?他以性命换回了这批文物!”冯子明面色凝重,缓缓地说:“因为这些唐三彩都是赝品,没有一件是真的。走私交易的文物都是赝品,这让所有人都感到很意外。唐阿七落网后,坚持说自己就是贩卖高仿品蒙老外的。诈骗比走私文物罪轻多了,加上搜罗的其他罪证,也不过被判了八年。文物显然被掉包了,是迟东兴私吞了那批文物?还是反水和唐阿七同流合污?或者有其他不为人知的隐情?查明真相之前,迟东兴恢复身份的事就搁置了。”

“我暗中跟了你几天,没有发现唐阿七对你有不利举动,这基本可以排除东兴私吞那批货的可能。”迟海有点感动,冯子明暗中跟踪,原来是为了保护他。冯子明说他从没放弃过,多年来一直在暗中调查这件事,那批货应该还藏在某个隐秘的地方。迟海忍不住问:“事情已经过去那么多年了,警察局都没人管了,你为什么还在坚持调查这件事?”

冯子明一怔,指着自己鬓角那块铜钱大小的疤痕,缓慢而坚定地说:“东兴救过我的命,是我最好的兄弟。”那时候他们还在警校学习,冯子明说有次他和迟东兴作为志愿者参加抗洪救灾,冯子明被滚落的石块砸中头部,昏迷中栽进汹涌的河水里。迟东兴毫不犹豫跳进激流,手脚并用追出好几里远,才把他救了上来。

“要不是你爸爸,我早就没命了,从那时起我们就成了最好的兄弟。”冯子明动情地说,“我相信东兴不会私吞货物,其中一定另有隐情。现在唐阿七出狱了,相信很快就会有所行动。你现在跟着他做事,是调查真相的最佳人选,但你妈妈并不赞成这么做。”迟海盯着他的眼睛,问:“如果调查清楚事情原委,是不是就能还我爸爸清白?”

冯子明点头，面露愧色地说：“如果可能，我更愿意代替你以身涉险，可是唐阿七诡谲狡诈，凡是在编的警务人员，基本都在他的名单里。”“这是还我爸爸清白的唯一机会了，我责无旁贷。”迟海神情坚毅，“只是唐阿七诡谲狡诈，要取得他的信任，恐怕不是容易的事。”

冯子明说他有一步险棋，下个月初十是唐阿七出狱后第一个生日，一定会有很多人来道贺。他混进里面装作是仇家行刺，在唐阿七切蛋糕时出手，制造机会让迟海忠心护主。“我会击中你的左肩胛骨下十厘米处，是实弹。”冯子明面色凝重地说，“当然，这是有风险的，也唯有如此才能让他相信你，你怕吗？”“我不怕。”迟海坚定地回答。

那天很快到来了，唐阿七大开筵席，来道贺的各路人马络绎不绝，熙熙攘攘。切蛋糕时，迟海挤到了最前面。唐阿七手里的刀子刚刚放到蛋糕上，迟海无线电微型耳机里就传来冯子明沉稳的声音：“准备，开始！”“七叔小心！”迟海大叫一声护在他胸前，只听噗的一声，左臂顿时血流如注。

现场一片慌乱，迟海瞥见二楼对面位置有个黑影一闪而过，正在匆匆撤离，正是冯子明。唐阿七的贴身保镖扬手一枪，冯子明已经越窗而出，手下一帮人一涌而出，分头去围追堵截。迟海趁乱取下耳机，不易察觉地扔到地上的一片狼藉中。

这时，小胖死命挤过来，惊恐地大叫：“海子，海子，你不能死啊！”迟海疼得倒抽凉气。小胖慌忙脱下自己的上衣，揉成一团按在他的伤口上，但很快被汩汩冒出的鲜血湿透了。唐阿七处变不惊，冷静地说：“放心，没伤到要害，不会有事的。”迟海强撑着点头，心里却在担心冯子明有没有顺利脱身。唐阿七的手下最终无功而返，迟海暗暗松了一口气。

迟海的伤有惊无险，休养一段时间就没有大碍了。住院期间，冯子明并没有和他联系，倒是唐阿七亲自来探望。唐阿七感慨地说：“我这一辈子，带的兄弟数都数不清。可是真能替我挡子弹的只有两个：一个是你爸爸，一个是你。当年的情况和现在差不多,也是东兴刚刚跟我的时候,他奋不顾身救我,挨了一枪。”迟海一愣:难道当年也是冯子明的苦肉计?

迟海装作随意地问:“七叔,我爸是怎么死的?”唐阿七没有回答,沉默很久,忽然说:“小海,过段时间我要去取一批要紧的货。你快点养好伤,跟我办完这件事,我会给你一笔钱,你带着妈妈换个好点的环境去生活吧!”唐阿七终于要出手了,迟海又兴奋,又有些意外:唐阿七居然愿意出一笔钱让他们母子离开,去过安稳的生活?

迟海急于和冯子明联系,汇报最新消息,然而冯子明再也没有出现。迟海违反两人的约定,偷偷去警察局找他,才知道他休了年假,出国旅游去了。迟海暗暗气恼:这人口口声声说是爸爸的兄弟,在这样紧要的时候,他居然还有心情出国旅游?

直到一个月后,冯子明才在一个夜晚重新出现。迟海冷笑:“度假回来了?”冯子明也不解释,大度地笑笑,说:“事情怎么样?唐阿七有没有透露有价值的消息给你?”迟海内心有一丝动摇,不答反问:“冯叔叔,如果我在这次行动中失败了,是不是要像我爸爸一样被人永远误解?”“我可以答应你,不管事情成不成功,都会把你和你爸爸的事披露出来。”冯子明迟疑了一下,“小海,做什么事都要有代价的。这段时间我并没出国旅游,为了避免唐阿七起疑,我不能和你联系。同时,我也在秘密治伤。”

冯子明撩起衣襟,肾脏偏下的位置有一处刚刚愈合的伤疤,看来正是唐阿七保镖打中的那一枪。只要位置再往上一点,冯子明只怕今天就没命站在这里了。迟海为自己的动摇暗暗惭愧,将唐阿七透露的讯息如实地说了出来。冯子明非常激动,眼神里透出兴奋与踌躇满志:“太好了,终于等到这一天了!”

不久后的一天,唐阿七突然通知去洛阳,迟海毫无准备,只能跟着仓促出发。路上趁着小解的机会,迟海把消息传给了冯子明,然后跟着唐阿七来到一个叫南石山村的地方。迟海后来才知道,他爸爸当年失踪的一个月,就是在这里度过的。

南石山村很多人家都会做高仿瓷器,技术高的能做到以假乱真。唐阿七一行人进了一家破败的烧制场,看场子的是个五十岁的哑巴,胡子拉碴,衣着破旧,一副当地农民的打扮。他一见唐阿七进来,立刻疾步迎上来,用手比划着什么,同时警惕地看着迟海。迟海暗暗惊异,这哑巴目光锐利,行动敏捷,一看就是练过功夫的。

"哑巴,这几年你一个人留在这里,辛苦你了。"唐阿七难得和蔼地笑了笑,伸手拍拍哑巴的肩膀。哑巴的眼眶居然有点泛红,急忙领他们进窑。唐阿七吩咐其他人留下,只带着金牙荣等几个心腹进去。这个窑明显被改造过,里面错综复杂,像进了盘丝洞一样。

不知绕了多久,哑巴最后在一堵墙前面停下来,拿起锤子用力均匀地敲打,那些砖坯很快就松动了。几个人帮着移开砖坯,里面是个狭小夹层,整齐地摆着一摞木箱。唐阿七打开其中一只木箱,层层包裹着的是一匹气势非凡的奔马俑!迟海登时愣住了,爸爸临死前拎着的是赝品,原来真品一直藏在这里。

这时外面的兄弟打来电话,语气非常慌乱,说是有很多警车开过来,然后忽然中断了。冯子明居然这么快就带人跟了上来,迟海心里正在暗暗庆幸,忽然脖子一凉,一把泛着寒光的匕首架在了上面。金牙荣正怒目瞪视着他,唐阿七自言自语:"这些古墓里挖出来的东西真是不吉利,为了这批货,八年前你爸爸背叛了我,现在你也是。以前我刚出道的时候,我大哥跟我说'一入江湖,再无兄弟',我当时还不信。"

"你早就知道了?"迟海努力镇定下来。唐阿七忽然古怪地笑起来,说:"我想不知道都不行,冯子明是我见过最蠢的人,一样的苦肉计都可以用两次。"迟海浑身冰冷,原来他走的每一步棋都被唐阿七看在眼里。"既然如此,我无话可说。我只想问你一件事,我爸爸是不是冤枉的?”迟海努力镇定下来,拖延时间。

“他的确是冤枉的。”唐阿七说他后来就开始防备迟东兴了,他安排迟东兴监造这批高仿赝品,但最后关头的掉包,迟东兴并不知情。“仿造赝品,就一定会有鱼目混珠的情况,我爸爸为什么没有提前行动?”迟海疑惑地问,这是连他都知道的常识。“因为我给了他三十万,当时你妈妈的病已经不能再拖了。”唐阿七悲悯地说,“这是给他的一个机会,我希望他能明白,他的正义救不了妻子,当不了饭吃。如果他执迷不悟,我会亲自动手杀了他。”

迟海愤怒地攥起拳头:“是你杀了他?”“是你们的人杀了他!东兴拿我的钱为妻子治病,心里始终是有愧于我的。他只想我接受法律的制裁,并不想我为此送命。”唐阿七神情凶狠起来,激动地说:“我们遭受伏击的时候,东兴始终用身体在护住我,他以为这样就不会有人对我开枪。可是结果呢?为了击毙我,他像一颗棋子,被人放弃了!”

迟海的心脏像是一下被重物狠狠击中,他一直相信爸爸是被流弹误伤,从来没想过会是这样。

“这也是你一开始就知道我的真实目的,依然带我来这里的原因?”迟海问。唐阿七点头,说:“是的,我也愿意给你一次机会。我曾很明确地告诉你,这件事之后你会得到一笔钱,足够你们母子生活。”“你这么肯定我会答应?”迟海冷笑起来,“他们很快就会冲进来,没人会走这样的险棋。”唐阿七微笑:“我当然不能肯定,所以我说只是给你一个机会。”

这时,哑巴像变魔术一样,掀起一片地砖,露出一个井盖。金牙荣大喜过望,抢着拉开井盖,下面是个通往村庄外的密道。迟海面如死灰,唐阿七魔高一丈,居然让哑巴在这里挖出了一条密道。唐阿七动情地说:“小海,你跟我走,后半生可以和妈妈衣食无忧地生活在一起。东兴为我送了命,我也算对得起他了。”迟海攥紧双拳,坚持自己的立场。

金牙荣见他不为所动,气急败坏地说:“不要以为冯子明这么做都是为了兄弟情分,他们盯我们很多年了,一网打尽后个个升官加薪。你再想想你爸,他死了这些年,有人站出来放个屁吗?你现在死了,就和他一样下场!”迟海很受震动,他从来没站在这个角度考虑过这件事。

这时,窑门口传来警方用扩音器喊话的声音,他们不知道窑内有密道,还在反复喊着“你们已经被包围了,请放弃无谓反抗,缴械投降”之类的。这个声音让迟海幡然醒悟,爸爸当年肯定也面临这样两难的选择,最后却毅然坚守了正义。如果他临阵倒戈,爸爸就再也没有能堂堂正正做一个警察的机会了。

迟海的这种变化,怎么可能逃得过唐阿七等人的眼睛?金牙荣面露杀机:“七哥,来不及了,顾不得这崽子了!”唐阿七朝哑巴使个眼色,哑巴立刻明白过来,一锤敲在迟海头上。迟海只觉得一阵剧痛眩晕,扑通倒在地上。迟海恍惚中看到他们迅速进入地道,很快没了踪影。在神智溃散前的最后一刻,他摸到了手机,按了键……

迟海及时拨打了冯子明的手机,让冯子明意识到窑内情况有变,不能再在窑门口守株待兔。他带人冲进来后,发现唐阿七等人已经从地道离开了。冯子明迅速调整部署,从地道两头夹攻,人赃俱获,终于把唐阿七一行人缉捕归案了。迟海被第一时间送到医院,头上的伤口缝了七八针,所幸并不致命。

唐阿七等人的案子尘埃落定后,迟东兴终于恢复了身份,但也仅此而已。冯子明抱歉地说:“东兴确实接受了唐阿七三十万元的馈赠,这是违背规定的,我无法为他争取更多荣誉。”对此,妈妈已经心满意足,迟海则没什么表示。两个月后,迟海完全康复,决定好好找份安稳工作。

这天迟海和小胖去一家新开的公司应聘,路过城隍庙广场时,看到金牙荣的地下赌博游戏厅已经被查封了。对面的电影院却非常热闹,海报上写着新片上映《江湖兄弟情》。唐阿七说一入江湖，再无兄弟，可是他让哑巴动手，而不是金牙荣，到底留了他一条命。“别发呆了，快点啊，不然职位被人抢光了！”小胖见他发呆，推着他往前走。迟海笑了笑，在心里默念：再见，江湖！

最后的驯鹰人

暴雨一连下了三天后，终于露出瓦蓝纯净的天空。因航班延误，机场滞留了大量旅客，为了第一时间恢复飞行，机场各个部门都在紧张忙碌着。周韬是驱鸟队队长，别看这个头衔不怎么样，但是对飞机起降时的安全起着至关重要的作用。一只小鸟和正在飞行的飞机相撞，力量无异于一发炮弹。国外曾有飞鸟卷进发动机风扇叶片，以致造成机毁人亡的悲剧。这个时候，周韬必须全方位无死角地监控机场上空。

“队长，有人找你！”有名队员领了一位五十多岁、脸颊黝黑的男人过来，他的背上背着一只蒙着黑布的竹篓，也不知道里面装的是什么。“你就是周韬……队长？”黑脸男人很意外，又有些失落，表情非常复杂。周韬疑惑地打量他，他并不认识这个人。“队长，跑道上出现大量蚯蚓！”一名队员气喘吁吁地跑过来报告。周韬一听，丢下黑脸男人就往飞机跑道奔去，只见跑道上密密麻麻地爬满了蚯蚓。

跑道周围的草坪正是蚯蚓繁衍生息的乐园，连日的大雨导致土壤水分饱和，这些蚯蚓受不住水浸闷气，都爬出来透气了。周韬立刻意识到事情的严重性。现在正值候鸟迁徙的季节，机场外不远处的白沙河就是这些候鸟中途休憩的地方之一，连日的大雨把它们困在了这里，肯定早已饥肠辘辘。这些蚯蚓如果不及时清理，一定会引来庞大的鸟群。

周韬急忙报告机场指挥中心，让他们立刻派人来清理。清理车赶到时已经来不及了，随着一声清脆的鸟鸣，几只羽毛翠绿的小鸟率先俯冲过去，贪婪地啄食起来。紧接着数不清的燕子、鹭鸟等叽叽喳喳从四面八方飞来。驱鸟队从来没见过这么严峻的鸟情，几名队员顿时傻了眼。

"一组打开煤气炮，二组发射驱鸟弹，同时启动声控驱鸟！"周韬沉着应对，队员们立刻各就各位，一连几发震耳欲聋的煤气炮被发射过来。一时鸟群大惊，四下飞逃，瞬间就不见了大半。然而一些常来机场的鸟知道这种声音只是虚张声势，没有实质性的威胁，依旧从容地享受这场盛宴。

"驱鸟队请注意，20分钟后有航班在我机场降落，请在航班抵达前消除隐患！"周韬接到指挥中心的命令，眉头拧在了一起。"队长，不行就实弹射击吧？"有队员建议。周韬伸手指着监控仪上几只体型俊逸的白鹭，说："这是黄嘴白鹭，濒危物种，国家二级保护动物！"几名队员一听，顿时不出声了，不久之前那件事的阴影还笼罩在大家心头。可是眼看航班就要抵达了，怎样才能把这些白鹭赶走呢？

"把那些没用的东西都关掉，我有办法帮你们驱鸟。"黑脸男人不知几时已经跟了过来，果断地说。周韬和几名队员一听都愣住了，这些花几十万刚引进的先进设备都不管用，他一个赤手空拳的农民能有什么办法？

周韬不知道黑脸男人葫芦里卖的什么药，看他一副胸有成竹的模样，只好让他试一试。黑脸男人转身放下背篓，揭开蒙在上面的黑布，居然放出两只苍鹰来。黑脸男人口里打着唿哨，两只雄鹰发出一声惊空遏云的鸣呖，如离弦之箭般直冲云霄。众鸟见了苍鹰，顿时乱了阵脚，无不望风而逃。

两只苍鹰像能听懂黑脸男人的指挥一样，追在几只白鹭后面迂回俯冲，很快将它们赶出了机场的安全范围。黑脸男人这时又打了一声悠长婉转的嘀哨,两只苍鹰展翼滑行回来,并肩站在他的左臂上,目光犀利,威风凛凛,大有俯瞰一切的王者之风。众人看得目瞪口呆,周韬激动不已,如果机场能养两只这样的苍鹰,那长久以来的驱鸟难题不就迎刃而解了吗?

“大叔,你找我有事?咱们见过面吗?”周韬一边套近乎,一边盘算怎么买他的鹰。黑脸男人已经将苍鹰收进竹篓,重新蒙上黑布,说:“周队长,我是戎娃的父亲马有才。这趟进城办点事,顺道把他的东西取回去。”周韬一愣,瞬间明白马有才得知他是队长时的复杂表情了。

马戎和周韬住同一间宿舍,是他在驱鸟队关系最好的同事,也是他最有竞争力的对手。马戎手脚勤快,机敏灵活,深得领导的欢心。不久前老队长退休,正是任命新队长的关键时期,两人的矛盾分歧也在那时突显出来。有一次机场飞来了两只濒危珍稀物种——岩鹭,当时情况紧急,在周韬犹豫的一刹那,马戎立功心切抢先开枪射击。结果马戎被依法拘捕,周韬却毫无悬念地当选了队长。自己的儿子身陷囹圄,曾经大有希望的职位被人取代,换成谁心里也不舒服吧?

现在开口买鹰肯定是不合适了,周韬急忙陪他去办理了相关手续。马戎的生活用品早就被打包封存,马有才却偏偏当着他的面打开一一检查,除了被子和衣物,唯一值钱的就是一台笔记本电脑了。周韬觉得有些尴尬,刚好也到饭点了,就去机场餐厅打了几样菜回来。马有才已经将东西都收拾好了,正在看着儿子曾经生活过的地方发呆。

“马叔,你也该饿了,吃点东西吧!”周韬找出半瓶酒,招呼马有才。马有才先将两只鹰架在左臂上,拿出随身携带的生肉喂了它们,自己才坐下吃饭。周韬忍不住问:“马叔,鹰是最难驯养的,你是怎么做到的?”马有才得意地说:“这算什么?我们那以前家家户户驯鹰养鹰。我家老太爷是清朝皇帝钦点的鹰户,专门进贡皇室打猎用的猎鹰哩!”“既然有这么好的法子,马戎怎么从来没提起过?”周韬纳罕地问。

马有才说马戎出事之前回过老家一趟,找他要这两只鹰,说是能派上大用场。马有才当然不答应,这鹰就是他的命啊!马戎趁晚上将两只鹰偷偷带走,结果被半路截了回来。马有才劈头盖脸把马戎一顿好揍。现在看来,马戎要鹰一能驱鸟,二能升职,的确是能派上大用场。马有才眼眶红了起来:"我要是早点把鹰给他,戎娃也不会落到今天这地步,我这不是犯浑吗?我这趟来,就是来送鹰的。"

周韬惊愕不已,队里刚引进的设备就是马戎牵线介绍的,据说制作精良,比别的供货商还贵了几万块钱。为此,周韬和马戎曾大吵了一架。办完这件事之后,马戎才谎称父亲有病,请假回的老家。如果马戎当时用两只鹰省下几十万的费用,一定会立功升职,那他为什么还要致力引进设备呢?

马有才听了周韬的分析,前后一想,也觉得有些不对劲。"马叔,你真的愿意把鹰送给机场吗?"周韬抵抗不了苍鹰的吸引力,忍不住问。马有才更正说:"是戎娃给我打的电话,说把鹰送来就能救他出去。可他让我去莽山路9号找一个姓常的人,并没说把鹰交给机场啊!"周韬一听,心里凉了半截。

马有才说他来机场之前,已经去过莽山路9号了。在那拍了半天门之后,邻居告诉他那人出门去了,让他下午再来。马有才想起儿子再三叮嘱把他的笔记本电脑带回家,就先来了机场。周韬觉得这件事没有这么简单,就提出陪他走一趟。马有才正好心里没底,欣然答应。周韬安排好工作,请了半天假,两人就一起来到了莽山路9号。

周韬敲了敲门,一个穿着橡胶连体衣、两手沾满血污的人来开门。得知他们是马戎介绍来送鹰的,两眼放光,死死盯着马有才背上的竹篓。马有才忐忑地看了周韬一眼,周韬往屋里一看,只见屋里陈列着各种栩栩如生的动物标本,其中不乏珍稀动物,看来这人是个颇有背景的标本工艺师。

常师傅让他们进门,说:"我知道马戎的案子最近就要判了,他电话里也不方便说什么，只说让我帮忙。之前有个富商客户急要一对鹰的标本，我才开出四万元一对的高价。现在人家不要了，这鹰也就值不了那么多了。这样吧，我的客户里有人能把他弄出来，这对鹰就算酬谢人家了，你们有异议吗？”马有才没料到是这样的情况，一时呆住了。

“你要鹰，就是为了杀了做标本吗？”周韬瞄一眼他的工作室，里面的操作台上正躺着一只开膛破肚的猴子。“杀了？不，鹰是鸟中之王，杀了还有什么王者之风？”常师傅笑了，说要做出好的苍鹰标本必须用针戳瞎它的眼睛，活活饿死，只有这样死的鹰才会充满怨气，至死保留着那股桀骜凛然的气势。周韬听得一震，马有才的脸已经直接白了，嘴唇不住哆嗦，一只手捂在了小腹右侧。

“马叔，你怎么了？”周韬看出他不对劲，急忙问。马有才额上渗出细密的汗珠，忍住痛说：“没事，老毛病了，你快扶我回去。”“喂，你们就这么走了？马戎的案子可就要开庭了！”常师傅追出来说，“你们要是想要钱，我可以考虑再付两千块钱。”马有才又疼又气，险些没背过气去，火急火燎地要去找马戎问个清楚。

周韬只好又陪他来到看守所。马戎一见他和父亲在一起，狐疑地问：“你怎么也来了？”“这你甭管，我问你，你回家偷我的鹰，这回还骗我送过来，就是给那个姓常的？你知道他是干吗的吗？”马有才截住他的话，怒气冲冲地问。马戎看一眼左右的看守，给父亲使了个眼色，说：“他是干吗的要紧吗？关键是他能帮我，是鹰重要，还是你儿子重要？”

“打从你太爷爷那辈起，我们马家就没杀过鹰。‘马不杀鹰’是祖训，教你驯鹰你怕吃苦，现在连祖训都忘了吗？”马有才教训儿子。马戎反驳：“我太爷爷还是给皇帝驯鹰的公务员呢，可现在让驯鹰打猎吗？我学来干吗使？现在就得有钱，穷人活得还不如有钱人的宠物呢！”马有才气得霍地站了起来，一手捂着小腹，一手指着马戎不住颤抖，忽然身子一歪摔倒在地上。周韬大惊,现场顿时一片混乱。

马有才是急性阑尾炎发作,需要立即手术。他的阑尾本来就有慢性炎症,平时又不在意,这一病就严重了。周韬跑前跑后,交了手术押金,一直守到马有才从手术室出来。马有才胳膊上挂着吊瓶,鼻子里插着氧气管,虚弱地盯着周韬,嘴唇还在不断蠕动。周韬附耳过去,凑到嘴边才听清他在喃喃念叨:“鹰……别忘了喂鹰……”

照顾马有才容易,喂鹰可就没那么简单了。周韬按照马有才的交代弄了一个架子,伸手把鹰依次从竹篓里抓出来,拴在架子上。屋子里鹰飞人叫,做完这一切,周韬两只手已经被鹰爪子抓得鲜血淋漓。就这样,鹰还不吃他喂的肉呢,两只鹰四只眼,气鼓鼓地瞪着周韬,仿佛有不共戴天之仇。

周韬没招了,只好去医院向马有才求救。马有才一见他两只手,笑了:“就这么笨,你不知道戴上厚手套吗?”周韬似乎才想起世上有手套这回事,挠挠后脑勺,尴尬地笑了。马有才认真地上下打量他一番,忽然开口:“跪下。”周韬一愣,怀疑自己听错了。“我一个训了四十年鹰的鹰把式收你为徒,还受不起你一跪?”马有才神色庄重,周韬大喜,立刻跪下喊了一声:“师父!”

马有才躺在病床上悉心传授,周韬凝神聆听,唯恐遗漏了半句。马有才说鹰是认主子的物儿,要想它们易主,就得重新熬鹰。熬鹰是个苦活,要不分昼夜守在鹰架子前。鹰一开始精神抖擞,慢慢开始饥饿困乏,这时不但不能喂食,还不能让它睡觉。只要鹰一瞌睡,就要拿棍子把它打醒,直到三四天之后,鹰胸前的毛开始扎散、精神萎靡的时候,才能拿肉片蘸水喂它。鹰在这种情况下已经被洗脑了,知恩回报,自然就将喂它的人当成自己的主人了。

“熬鹰也是熬人,你过得了这一关才能学后面的拉鹰、放鹰,让它完全听你的话。”马有才语重心长地说。周韬牢牢记住,每天巡查工作、照顾马有才之后,剩下的时间就不分白天黑夜对着那两只鹰。四天之后,周韬眼眶深陷,走路脚底发飘,小命都快熬没了。

这天,正对着鹰架子蒙眬欲睡,忽然手机响起来,周韬按下接听键根本没听见对方说的什么,迷迷糊糊就说:“我快不行了……”对方一听,哇一声大哭起来:“我爸不行了?我该死,是我害死我爸的!”周韬清醒过来,原来是马戎打电话问他爸怎么样了,恍惚听见一句不行了,就大哭起来。

周韬急忙解释,把马有才的情况告诉了他。马戎哽咽难言,半天才憋出一句:“周韬,哥们谢谢你。”周韬苦笑,忽然一眼瞥见两只鹰的胸毛先后扎散开来,不由得大叫起来:“能喂食了,能喂食了!”

周韬顺利通过了熬鹰这一关,马有才倍感欣慰。这已是术后第五天了,马有才恢复良好,吩咐说:“你把戎娃的笔记本电脑交给警察,他巴巴地让我从老家赶过来带走,里面一定有重要的东西。”周韬暗暗一惊,他早就怀疑马戎高价引进驱鸟设备拿了回扣,看来证据就在那台笔记本电脑里了。马有才为什么这么做?他这样做不等于亲手把儿子送进监狱了吗?

面对周韬的不理解,马有才叹了一口气,说:“戎娃很小的时候,他妈就去世了。我看他怪可怜的,处处纵着他,这才把他惯坏了。你听听他那天说的话,他心里除了钱,还有别的吗?他今天能为钱贩鹰吃回扣,明天就能为钱杀人放火。戎娃是一只惯坏了的鹰,我是熬不了他了,就让政府替我管教管教吧!”周韬肃然起敬,这个看似卑微普通的黑脸男人,骨子里却是这么深明大义!

马戎的笔记本交给警方后,果然查出了里面有他和驱鸟设备供货商的聊天记录、转账凭证,证明他拿了六万块钱的回扣。开庭审理那天,马有才拖着术后虚弱的身体来到法院。当他亲耳听到儿子被判刑入狱时,眼泪汩汩而下。周韬急忙扶住他摇摇欲坠的身体,短短半个多月,马有才几乎老了十岁。马戎一步一回头地跟着警察走了,眼神里只有悔恨,没有了倔强。

马有才自从出院后,周韬就把他安置在机场附近的一家旅馆里。一有时间,马有才就教他驯鹰。等到周韬能将两只鹰架在左臂上、收放自如的时候,马有才要回老家了。“不管心里多舍不得,候鸟迁徙过后都要把鹰放了。它们也要繁衍生息,生儿育女。等到来年寒霜降、草开堂的时候再上山请鹰,这是鹰把式和鹰的约定。”马有才叮嘱,周韬一一答应。

“不忙的时候,替我去看看那个不长进的东西吧!”最后,马有才颤巍巍地加了一句。周韬的泪水瞬间涌上眼眶,这句话对于一个不善表达感情的父亲来说,已经饱含了所有的原谅和期待。一个月后,当周韬把这句话转述给马戎听时,马戎再也抑制不住,失声痛哭起来。

周韬悉心照顾两只苍鹰,尽职尽责地守护着机场上的一片天空。有了这两只特殊队员的加入,飞机起降的安全格外有了保障。周韬每个月都会请假一天,风雨无阻地去看望马戎。他和马戎也有个约定,等到寒霜降、草开堂的时候,要去陪伴那个默默等待的老人,然后一起上山请鹰。

惊魂蝙蝠洞

林子烨自从承包了采石场，就难得有时间回家。今天是他生日，丹青拨打了无数次电话，林子烨的手机始终处在无人接听的状态。林子烨真那么忙，连接个电话的时间都没有？还是犯了有钱男人都会犯的错误，躲起来风流快活去了？丹青越想越不对劲，就算他有什么猫腻，也该回个电话做好掩护，怎么会一直拒不接听？

丹青沉不住气了，开车赶去了鼠爷岭采石场。山区的简易公路上来往的车辆很少。忽然，前面有人挥舞双臂拦车，丹青到了跟前才发现居然是曹二坤，曹大坤和曹二坤兄弟俩是林子烨最得力的人。曹二坤一见是丹青，连寒暄都顾不上，急忙回头招呼停在路边的车子上的人："梁教授，快上这辆车，是我们自己人！"

从抛锚的车上走下来的是一个五六十岁的瘦老头，戴着瓶底厚的近视眼镜，一看就是老知识分子。他谨慎地抱着一个长方形箱子，换到丹青的车上来。曹二坤上了车，一关上车门就催促丹青快开车，喘着气说："嫂子，你来得正好，我们都在这耽搁半天了。""你林哥的手机一直无人接听，采石场是不是很忙？"丹青问。曹二坤一听这话，眼泪都下来了，拖着哭腔说："嫂子，我哥出事了！”

丹青倒吸一口凉气，猛地踩下刹车。梁教授一头撞在前排的椅背上，手里的箱子却抱得牢牢的。曹二坤一见丹青误会了，连忙解释：“出事的是我大哥曹大坤，我林哥好好的，没事！”丹青这才缓过劲来，询问曹大坤怎么了。曹二坤红着眼睛说前几天晚上大概十二点多，忽然有人敲门，曹二坤喝了点酒，蒙眬中知道曹大坤起来了，他就翻个身又睡了。睡着后还做了梦，梦见有好多耗子使劲挠他的床板，挥之不去。

第二天一早，曹二坤醒过酒来，发现曹大坤还没回来。他这才意识到不妙，穿着拖鞋就出去找，一打开门就惊呆了。曹大坤头冲着门趴在地上，门口一摊血渍，人已经没气了。曹大坤两手扣着门缝，十个指头的指甲全部裂开，门板上被他挠出深深的划痕。“我做梦听见耗子挠我的床板，其实那是我哥在挠门啊！”曹二坤悲从中来，红了眼眶。

丹青震惊不已，急忙说：“这是人命啊，你林哥报警了吗？”“报警也没用，敲门的根本就不是人。”曹二坤吸吸鼻子，抹了一把眼泪说。丹青顿时毛骨悚然：“不是人还能是什么？难道是鬼？”“是蝙蝠。”一直沉默的梁教授这时开口回答。

蝙蝠又称天鼠，民间一直把蝙蝠当成福气的象征，鼠爷岭就因一个巨大的蝙蝠洞而得名。梁教授说他不久前到那里考察过，那个蝙蝠洞是个深不见底的天然大溶洞，里面聚集了十几万只品种各异的蝙蝠，其中很可能就有吸血蝙蝠。采石场离蝙蝠洞只有五六里路，常年的打炮声和喧闹声惊扰了里面的蝙蝠，才导致被它们袭击。

“吸血蝙蝠真有这么厉害？”丹青愕然。梁教授说：“吸血蝙蝠唾液中有天然的麻醉剂和抗血凝剂，人被咬后逐渐麻痹，然后瘫痪，伤口的血液又无法凝固，到最后就会流干全身的血液而死亡。”曹二坤一听，呜呜地哭起来：“是我混蛋，睡前灌了点黄汤。要是我早点发现，我大哥就不会死了！”曹二坤说曹大坤出事后,蝙蝠越来越多,成群结队地在采石场上空飞过,一时闹得人心惶惶。林子烨没办法,就让曹二坤请来专门研究蝙蝠的梁教授。偏偏车在半路上抛锚,幸好遇上了丹青。

丹青忽然有种不祥的预感,林子烨的手机一直无人接听,难道是采石场又出了乱子?丹青以最快的速度赶到采石场,发现整个场地空无一人,一颗心顿时揪成一团。曹二坤大声叫人,只有管伙房的王有胜跑过来。王有胜快五十了,一看就是胆小怕事的人,惊慌地说:“林老板带他们去烧蝙蝠洞了,我劝不住他们。那些蝙蝠不能杀,杀了要遭报应的呀!”

“那你怎么没去?”曹二坤一听来了气,质问他。王有胜委屈地说:“是林老板让我留下来看场子的,说我跟去影响士气。”梁教授变了脸色,说:“快,我们马上赶到蝙蝠洞!”蝙蝠洞离采石场有五六里路,走到一半车辆就无法通行了。丹青、曹二坤和梁教授三人下车徒步赶过去,远远就看到浓烟翻滚。林子烨正带着一帮人用破布缠成球,浇上汽油,点燃后扔进蝙蝠洞里。他的手机也在投火球时不慎滑落洞里,所以一直无人接听。

梁教授脸色煞白,气得浑身颤抖:“你们……你们这是犯法啊!这个蝙蝠洞是多珍贵的资源,你们居然敢这么干!”林子烨有些尴尬地说:“梁教授,你来了就好了!这伙蝙蝠跟我们干上了,昨晚上又咬伤我们几个兄弟,我们这也是没办法啊!”梁教授见蝙蝠洞巨大,火球扔下去后并没有对蝙蝠造成多大损害,心情这才平伏下来,说:“我可以帮你驱散它们,保证不让它们再去采石场,但你也要保证不能再伤害它们。”

林子烨正苦恼火攻效果不好,当下连声答应。工人们却持怀疑态度。丹青也不禁好奇起来:这个瘦老头梁教授有什么神通,竟然能让蝙蝠听他的话?

全队人马回到采石场后,梁教授把一路紧抱的长方形箱子从车上搬下来,说:“这个是超声波电子干扰仪,只要晚上打开这个设备,蝙蝠就不会来了。”“真的这么管用?”林子烨问。梁教授见自己的权威受到质疑,面露不悦之色:“蝙蝠飞行是靠生物波回声定位,它们一到这里就晕头转向产生不适感,自然就不会来了。”众人一听,心里都踏实了,精神也放松下来。

林子烨让曹二坤先带梁教授去休息,宣布下午继续开工,晚上犒劳大家。工人们各自散开干活了,在突出的岩石伞檐下掏挖碎石。这种掏底崩落开采法国家早就明令禁止了。去年,林子烨违规开采导致伞檐崩落,当场就砸死了三个工人。丹青又惊又气,林子烨苦恼地说:“上面的石头不值钱,我只能让人掏下面的。阶梯式开采要很大的人力物力,不这么干,怎么能赚到钱?”丹青急了:“可是这样有隐患啊!”“我会尽快改善措施的,这事你就别管了!”林子烨敷衍地结束了谈话。

丹青又气又无奈,只好去伙房看看,希望这些工人能吃好一点。哪知王有胜把伙房搞得像是皇宫的御膳房一样,门窗紧闭,闲人不得随意进出。丹青好奇地趴在门缝上一看,瞧见王有胜两手正攥着一条蛇,把血控在一个小桶里,然后再杀另一条。丹青看得心惊,赶紧离开了。奇怪的是晚饭多了好几种荤菜,却没有见到蛇肉。

夜里曹二坤带着一拨工人协助梁教授守夜,其他人就各自回房睡了。丹青和林子烨刚刚入睡,忽然传来急促的敲门声。曹二坤在门外大叫:“林哥,林哥快起来!蝙蝠又来了,梁教授的仪器不管用啊!”林子烨急忙穿衣服起来,丹青也跟着起来跑出去。只见路灯下成群的蝙蝠黑压压地飞过来,数量之多,难以估计。

蝙蝠群虽然受到干扰仪的影响飞得摇摇晃晃,但它们像敢死队一样直冲过来。林子烨急忙问梁教授怎么回事,梁教授也困惑地说:“这个频率的电子波,足以让它们产生不适绕开采石场,怎么会没有用呢?”“这还用说?它们肯定是报仇来了!”王有胜惊慌地说。丹青这时发现远远有个白影,飞近了一看,她不禁惊呆了。那个白影居然是一只巨型白蝙蝠!丹青怀疑自己产生了幻觉,世上怎么会有这么大的蝙蝠?

“天鼠爷来降罪了,大家快跑啊!”王有胜大喊一声,工人们纷纷抱头鼠窜。曹二坤张口正要骂,他们没跑出几步就遭到成群的蝙蝠围攻,连忙又折了回来。梁教授等人所在的位置是干扰仪的核心范围,巨型白蝙蝠率先扑过来。小蝙蝠一见老祖宗打了头阵,纷纷跟着冲过来。

“哎哟!”曹二坤的脖子被咬了一口,气急败坏地说:“梁教授,你这个破玩意到底行不行?”丹青惊得呆住,林子烨连忙搂住她蹲在地上。梁教授见情况紧急,只得把频率调高。那些小蝙蝠立刻像精神病发作一般,晕头转向,互相咬成一团,没过多大工夫,地上就落了一层死蝙蝠。巨型白蝙蝠像喝醉了一样摇摇晃晃飞了几圈,终于抵抗不住,带着剩下的蝙蝠群飞走了。

“它们今晚元气大伤,看来不会再来了!”林子烨说。众人惊魂未定,王有胜几乎哭出来:“林老板,我早就跟你说过这些蝙蝠不能杀啊!”

“触犯了天鼠爷,一定没有好下场的。我看大家还是各回各家,赶紧逃命去吧!”王有胜话音一落,工人们立刻议论纷纷。林子烨顿时沉下脸,大声说:“王有胜,你不要在这蛊惑人心。”

梁教授心疼地看一眼死在地上的小蝙蝠,说:“蝙蝠的寿命相对比较长,那只巨型白蝙蝠,很有可能是患有白化病的巨型狐蝠变种。”

林子烨面色有些不好看,说:“梁教授,既然干扰仪可以制服这些蝙蝠,为什么你一开始不出手?”曹二坤早就被这个问题憋坏了,立刻附和:“就是!你可不能拿着我们兄弟们的生命开玩笑啊!”梁教授一听就火大了:“你们的生命是生命,蝙蝠的生命就不是生命?你们也看到了,调到这个频率是会让蝙蝠神经紊乱,自相残杀的!”

曹二坤揶揄地笑着说:“梁教授,蝙蝠的生命的确也是生命,问题是蝙蝠给你钱吗?这个干扰仪,你可是要卖给我们的!”梁教授一下子被噎得说不出话来,老脸憋得通红,大声说:“你们找其他人去,仪器我不卖了!”丹青心里一沉，梁教授在关键时刻出言反悔，还有谁能制服这些蝙蝠？

梁教授恼羞成怒，当即就要离开，丹青好不容易把他劝回房间。梁教授叹了口气说："人到无求品自高，我原是为钱来的，受此折辱也是自找的。"丹青问清缘故，得知梁教授挣钱是为了给自己的学生建一个实验室，心里顿时五味杂陈。这时曹二坤带着酒菜赔罪来了，估计是挨了林子烨的骂，态度异常谦恭。梁教授挽回了面子，虽然还板着脸，心里的气却已经顺了。

第二天一早，丹青醒来后身边空无一人，林子烨可能已经开工去了。丹青打开电脑上网，搜索有关蝙蝠的资料，看到蝙蝠对黄鳝血特别敏感，即使隔着几公里也会循着腥味飞来。想到王有胜杀蛇时控在小桶里的血，丹青心里一动，连忙搜索了一下黄鳝的图片，顿时大吃一惊。王有胜杀的那些居然是黄鳝，黄鳝体型和蛇差不多，她又从来没见过黄鳝，才误以为是蛇。

难道攻击采石场的蝙蝠，是王有胜故意用黄鳝血招引来的？怪不得放置了超声波干扰仪，那些蝙蝠依然成群飞来，只是王有胜为什么要这么做？丹青想到王有胜一计不成，一定会再生一计，急忙跑出去找林子烨。谁知整个采石场空荡荡的，林子烨和工人们像是人间蒸发了一样。这么一大早人都去哪里了？难道已经中了王有胜的诡计？

"你在找林老板吗？"王有胜忽然从身后冒出来，把丹青吓了一跳。"他们都去蝙蝠洞了，说是今天要釜底抽薪，彻底消灭那些蝙蝠。"王有胜古怪地笑了笑，说："我已经给他们准备了庆功宴，菜是你见过的，就是那些死黄鳝。"丹青一惊，情不自禁后退两步："你在准备的午饭里下毒了？为什么？"王有胜冷笑一声，并不回答，忽然举起右手。丹青看到他藏在袖子里的匕首，不禁一声尖叫，王有胜却倒在了地上。

梁教授举着一块石头出现在面前，关键时刻是他砸晕了王有胜。他刚才崴了一下，整个脚都肿了起来，此刻疼得再也支撑不住，坐在地上。"梁教授，他们去蝙蝠洞了！"丹青急忙说。梁教授额上渗出一层冷汗，说："我已经知道了,他们假意赔罪灌醉我,就是为了拿走干扰仪。你快点赶去蝙蝠洞,不能让他们对蝙蝠赶尽杀绝啊!"

丹青点头,找绳子把昏迷的王有胜捆起来以后,立刻赶去了蝙蝠洞。林子烨和曹二坤把干扰仪用百米缆绳垂到蝙蝠洞里,受到超声波刺激的蝙蝠拼命想逃出洞外,但洞口已经被铁丝网严严实实地罩住了。巨型白蝙蝠带领着黑压压的蝙蝠死命扑打着网面,下面的蝙蝠已经咬成一团,一时死伤无数。"住……住手!"丹青气喘吁吁,只说出这一句就筋疲力尽地跌倒在地上。

丹青及时赶到,挽救了大部分蝙蝠,这让梁教授非常欣慰。得知是王有胜故意用黄鳝血招引的蝙蝠,曹二坤回来后就对着他一阵拳打脚踢,是他害死了曹大坤。王有胜咬着牙一声不哼,林子烨拦住曹二坤,质问王有胜:"你为什么要这么做?"

"你还记得去年在事故中砸死的孩子吗?那是我儿子,他才二十一岁啊!"王有胜十年前因盗窃罪入狱,老婆就带着儿子改嫁了。今年刚刚刑满释放,得知儿子出了意外后,他就找到了这里。王有胜激动地说:"我原本是来看一下儿子最后待过的地方,却发现你还在违规开采。如果不是违规开采,我儿子怎么会死?"

"就算我们对不起你,这些工人和你无冤无仇,你怎么忍心下毒?"林子烨说:"如果不是丹青和梁教授及时发现,你知道后果有多严重吗?""你家不是有钱赔吗?我们穷人的命又不值钱,砸死一个赔个十万八万就了事。"王有胜凄凉地大笑起来,指着工人们说:"这些穷鬼要钱不要命,知道违规开采有危险还干,那么多蝙蝠都吓不走他们!不被毒死,也早晚被砸死!"这一番话拷问着所有人,工人们开始思索,连林子烨和曹二坤都黯然无语。

此次事件,林子烨违规开采受到了相应惩罚,而王有胜出狱不足半年再次回到了监狱。林子烨和丹青一起去探望他。王有胜低头,拒绝对话。丹青轻轻地说:"采石场已经开始启动阶梯式开采,以后再也不会有伞檐崩落事故了。”王有胜闻言抬起头来，嘴角扯出一个苦笑，泪水却慢慢蓄满了眼眶。

出了监狱，林子烨开车赶去与梁教授会面。梁教授已经向有关部门递交了保护蝙蝠洞的申请，在此之前他们达成了协议。梁教授提供超声波干扰仪保障采石场不受蝙蝠骚扰，而林子烨要暂时充当“天鼠爷”的“护法童子”，不许任何人再来伤害它们。

第三辑

红尘故事

第三辑

江豚之殇

十月四号是世界动物日。报社计划做一期环保专题,简阳一下子就想到了江豚。简阳的网友风起青萍在水生所工作,那里有十二只江豚,其中一只叫大美的江豚是在受伤后,被风起青萍的父亲送到水生所的,这本身就是个动人的环保故事。简阳联系到风起青萍以后,连夜赶到了武汉。

风起青萍本名叫吴青萍,是个开朗热情的女孩,见面后由衷地说:"你能来实在是太好了,有了媒体的呼吁,大家保护江豚的积极性会越来越高的。"简阳笑笑,问:"大美怎么样了?"吴青萍一提大美就兴奋起来,说到水生所后不久,大美就和一个叫大壮的江豚结婚了,不久前刚生下一个宝宝,现在住在养护馆。

两人向养护馆走去,刚好饲养员提着一桶小鱼去投食。进去后只见养护池的栅门大开着,巨大的水池空无一物,哪里有大美母子的踪影?"坏了,昨天忘记锁上栅门了!"饲养员懊悔地说。简阳紧张起来:"江豚会跑掉吗?""这里通着软释放区,大壮和其他江豚都在那里。大美可能是思念大壮,趁机带着多多去找他了。"吴青萍一边说,一边快步从后门出去。

软释放区是为了保留江豚的野生习性,用铁丝网圈起的一大片水域。

三人跑到这里以后,水面上却连一只江豚都没有。“江豚不是每隔一段时间就要露头换气吗？怎么都不出来了？”简阳诧异地问。吴青萍顾不上回答,焦急地巡视水面,忽然变了脸色。不远处的铁丝网被挣破了一个巨大的豁口,江豚集体大逃亡了。

十二只江豚集体逃亡不是小事,饲养员的工作怕是保不住了,饲养员已经哭了起来。吴青萍脸色惨白:“我马上向上级报告,无论什么处罚,我都接受。”“先不要想着认罚,现在最重要的是把它们找回来,将功折罪!”简阳理智地说。吴青萍说这片软释放区是长江的一脉支流,不远处就和主干汇合,浩浩汤汤奔涌而去。一夜的时间,这些江豚可能已经游出几百千米,中途岔道支流不计其数,要找回来谈何容易?

三人正在着急,吴青萍的手机忽然响了,是她父亲吴喜水打来的:“萍萍啊,咱们县的港口出现一群江猪,有十来只,金鹏正带着人观赏呢！你们水生所的江猪还在家吗?”“爸,你帮我看好它们啊,那些可能就是我们的!”吴青萍又惊又喜,拖着哭腔回答。

吴青萍向上级汇报后,让饲养员留下来等待救援队,她和简阳先赶去监利县。两人一路辗转来到监利县的码头,只见江边人山人海,围得水泄不通。挤进去一看,水波翻滚的江面上,果然露着一片黑黝黝的江豚脊背,一艘载满乘客的破旧汽渡轮围着江豚打转。

“这个金鹏疯了吗？离得那么近,江豚会被螺旋桨打死的!”吴青萍又惊又气,以前就有不少江豚被螺旋桨打伤致死。长江素有黄金水道之称,密集航运是导致江豚数量急剧下降的原因之一。这时一只江豚被汽渡轮追急了,腾身一扭,激起一片水花。人们顿时欢呼尖叫,简直比在海洋馆看表演还要激动。

汽渡轮很快靠岸了,上面的乘客恋恋不舍地下来,其他人立刻潮涌一样挤过去。简阳看到船头用红漆写着“泰坦江猪号”,忍不住笑了。冯金鹏一身名牌,堵着舱门一边收钱,一边吆喝:"一人二十,和江猪零距离接触！国家二级保护动物,到时候有钱也没地儿看了啊!"

简阳和吴青萍挤到跟前,冯金鹏看一眼简阳,酸溜溜地说:"萍萍,这是谁呀?"简阳察觉到他们之间微妙的关系,急忙表明身份。"我不上去,你也不能再开了,马上让人都下来!"吴青萍果断地说。冯金鹏一本正经地说:"江猪这些年很少见了,怎么也得满足一下大家观看的热情呀!"没上船的人手里晃着钱涌过来,简阳和吴青萍被挤上船,很快船舱内就塞满了人。

冯金鹏攥着一把花花绿绿的票子,笑得嘴都合不拢了,急忙开船。简阳粗略算了一下,这一船至少塞了一百人,一人二十,就是两千块啊！转几圈就再换一拨,冯金鹏赚钱点子真是想绝了。听简阳这么说,吴青萍撇撇嘴说:"他上中学时就去市里批发一块钱一本的过期杂志,然后两块卖给同学!"

"江猪,江猪!"忽然有人大叫起来,船舷边一头江豚露出半个黝黑光滑的身子。"是大壮!"吴青萍惊喜地说。大壮显然有些生气,但江豚天生一副笑眯眯的模样,滑稽可喜。所有人一齐涌到左边船舷,船身顿时一阵摇晃。这艘汽渡轮早就超出了使用年限,是冯金鹏托关系从废旧船厂租来的,只听得底部咔嚓一声,汽渡船的主龙骨折断了,迅速往下沉去。

这下真要和江豚零距离接触了,乘客们慌作一团。冯金鹏左右观察一下,第一个扑通跳进江里。其他人一见船主先跑了,像是下锅的饺子一样,纷纷跳进江里。"这个冯金鹏,我饶不了他!"吴青萍气急败坏地大骂。简阳无暇分神,拉住她奋力向江边游去。

这时冯金鹏已经爬上一艘停泊的货轮,上面装满了木材。简阳顿时明白了他的用意,果然,冯金鹏使尽浑身力气,将圆木一根一根掀下水来。

冯金鹏掀下的圆木起了很大作用,落水的人纷纷抓到了救命稻草。货轮上跟着一帮本地装卸工,个个深谙水性,五十多岁的吴喜水就在其中。他们本来都坐在甲板上看热闹,一见出了事故,急忙下水救援,还好有惊无险,所有人都被救上了岸。江豚们虽然受到惊吓,却始终在这一带徘徊,居然没有离开,这让吴青萍又纳罕又庆幸。

这场风波惊动了派出所,民警说:“吴喜水,这次又是你带头‘致富’的?”见民警误会了吴喜水,简阳连忙站出来为他作证,并且出示了自己的记者证。冯金鹏也说:“这次真不关吴大叔的事,是我自己的生意,他一毛钱也没分到!”“不是就好,安分干活吧,有案底的再进去可就不好办了!”民警说完,把冯金鹏带走了。

吴喜水被噎得半天没出声,救了人反而被抢白一顿,换了谁心里也不好受。简阳暗暗诧异:吴喜水会有什么案底?难道他曾经做过违法的事?人群散去以后,简阳和吴青萍留下来,等待水生所救援队的到来。吴喜水陪他们蹲在江边,简阳忍不住问起这件事。“抢水那事我不后悔,渔船渔网都给收走了,再不让浇水种地,乡亲们吃什么?”吴喜水一提这事就来了气。简阳更奇怪了:渔船渔网被谁收走了?守着浩浩荡荡的长江,怎么会发生抢水事件?

吴青萍解释说水质污染和大肆捕捞严重破坏了长江的生态平衡,导致大量水产生物灭绝,尤其是江豚的濒危局面引起有关部门的高度重视。有关部门提出阶段性禁渔,有偷偷打鱼的,就被没收渔船渔网。简阳点头,说:“这是好政策啊,给长江休养生息的机会,渔业也能更繁荣。”

“休养生息当然是好事,我们也不能为了自己挣钱,让子孙后代连鱼都吃不上。”吴喜水说,“可是除了打鱼,我们就只能指望家里几亩薄地了。前年连续干旱,地里的庄稼都快干死了,得从长江里引水灌溉。可他们还要休养生息,说是长江水位严重下降,把支流的小闸都截住了。你说说,这不逼着人闹事吗?”

在那次抢水事件中,吴喜水率领众人冲到相关部门,双方发生了激烈的肢体冲突。吴喜水用铁锹把一个工作人员的脑袋拍流血了，于是背上了案底。简阳听完不语。在大旱之下，他们各自坚持自己的立场，似乎双方都有道理。“吴大叔，讲讲两年前你救助江豚的事吧！”简阳问。吴喜水一听却红了脸，支吾两句搪塞了过去，显然不愿多谈。

这时吴青萍霍地站起来，眼睛盯着江面。那些江豚急躁起来，一个个伸着头露出水面。转了几个圈后，像是下了决心一般，毅然向下游游去。只有大壮来回兜着圈子，不肯离开。水底有什么危险迫使江豚离开？既然受到威胁，江豚的集体意识极强，大壮为什么选择留下，没有和大家一起走？

简阳原本以为水底出现了大型捕食动物，但转念一想，长江又不是大海，不可能会出现鲸鲨之类的物种啊！简阳提出疑问，吴青萍说：“可能是救援队的船来了，他们有声呐驱捕装置，很远就能被江豚感应到。”说话间，上游果然轰隆隆过来一艘大船。“可是这么一来，不是让江豚提前逃跑吗？”简阳奇怪地问。吴青萍一指下游，说：“你看那里！”

简阳望去，只见两艘渔政船拉着一张巨网，正在逆流而上。看来水生所和当地渔政局取得了联系，联手找回这些逃跑的江豚。前有巨网，后有追兵，江豚们四处寻找突破口，当它们发现巨网有个豁口时，急急忙忙鱼贯而入。然而再聪明的江豚也赶不上水生专家的智慧，人为布置的豁口后通着巨大的网箱，江豚发现上当后已经来不及了。

简阳紧张地盯着江面，只有大壮还在来回游荡。江豚亲近人类，是很温驯的动物，但这次大壮却像铁了心一样负隅顽抗，试图突围。万不得已，水生所的人只好动用了麻醉枪，大壮很快动弹不了了。几个工作人员立刻跳进水里，把昏迷的大壮托起来，防止它无法呼吸而溺亡。

“大壮好像有重要的事要去办，它不想现在回去。”简阳有种奇怪的感觉。吴喜水看不清网箱里的江豚，索性跳进江里，向渔政船游去。“爸，爸，你干什么去啊？”吴青萍大叫，吴喜水置之不理。渔政船上的工作人员认识吴喜水,大声说:“吴喜水,你又要闹哪样?”吴喜水扒着网箱看了一遍,抬头怒目圆睁:“大美呢?你们把我的大美弄哪去了?”

吴青萍一下愣住了,怪不得大壮不肯回去,大美和多多根本没和它们在一起。经过清点,成功找回的江豚的确只有十只,大美和多多不见了。专家分析她们很可能在途中与江豚群失散了,所以,这些江豚才在这片水域徘徊,就是为了等大美母子跟上来。工作组立刻分成两队,一队护送十只江豚回水生所,另外一队排查各个岔道口,寻找大美母子。

排查工作异常费时费力,最让人沮丧的是一无所获。吴青萍的家在一个叫江口渡的村子,到那里调查时,吴青萍回了趟家。吴喜水担心大美的下落,长吁短叹,简阳安慰了他几句。“吴大叔,吴大叔,江猪子!”冯金鹏大呼小叫进来,一见吴青萍和简阳,立刻不做声了。简阳心里一动,难道冯金鹏发现了大美的踪迹?

吴青萍哼了一声,故意问:“这么快就从派出所放回来了?”“认错态度好,交了罚款,就放回来了。”冯金鹏嘻嘻笑了两声,说:“怪我客轮名字没起好,泰坦江猪号,这船带上泰坦两字,能有不沉的?”“别扯犊子了,你刚说什么江猪?有人发现大美了?”吴喜水问。冯金鹏摇头:“不是大美,是一只小江猪崽子,被困在龙王潭的迷魂阵里了!”

简阳和吴青萍同时一惊,小江猪,那不就是多多吗?

龙王潭位于江口渡西面,通过一条支流和长江相连,这里水源充沛,受污染小,鱼类相对丰富。附近的渔民各自为营,在水潭里下了不少迷魂阵,其中就有吴喜水和冯金鹏合伙下的网。“这下糟了,现在的龙王潭,就是龙王下去也得脱层皮啊!”吴喜水急急忙忙就往外走,吴青萍赶紧和工作组通了电话,跟着赶了过去。

龙王潭的水面上露出一节节金属杠杆,那些就是撑起迷魂阵网幅的框架。相传当年刘伯温怜悯渔民辛苦,教他们以八卦原理布置渔网。几十面大网环环相扣，进去的鱼类晕头转向，没有一只能游出来的。简阳发现一只幼小的江豚被困在迷魂阵中央，发出猪崽一样哼哼的呻吟声。吴青萍心疼地说："多多受伤了，要想办法赶紧把它弄出来！"

"这些只是渔网而已，多多怎么会受伤？"简阳的话一出口，吴喜水和冯金鹏都不说话了。"迷魂阵早就被禁止用于捕鱼了，你们偷着用就算了，怎么还装滚钩？"吴青萍气愤不已，她用岸边的竹竿挑起一幅渔网，果然看见渔网上露出一串金属尖钩，看起来触目惊心。这种滚钩主要用于勾住潜游的大鱼。简阳吃了一惊，看似平静的水面下居然暗藏凶险，看来多多是被滚钩挂住了。

"你就知道讲大道理，这个不许，那个不应该。"冯金鹏不满地嘟囔："大家都这么干，吴大叔不这么干能抓到鱼？抓不到鱼，你能上大学，能参加工作？"吴青萍顿时被噎得说不出话来，惭愧地看了吴喜水一眼。吴喜水心里不好受，沉默不语。简阳忽然听到身边有水花翻动的声音，不禁瞪大眼睛，居然是一块破旧的木板在徐徐前行。木板只能漂浮，怎么可能像有生命一样自己往前走呢？

大家的注意力都被吸引过去，这时一个黝黑的脑袋冒出来，两只大眼睛忽闪忽闪的，是一只美丽的雌江豚。"是大美！"吴青萍喜出望外。吴喜水慌着凑到跟前，不妨滑了一跤，连声叫："大美，大美！"大美认出了吴喜水，浮出大半个身子，冲着他摇头晃脑。

大美身上伤痕累累，流连了一会儿，用头顶着木板游进了迷魂阵。两侧的滚钩被木板冲开，一路当当作响。大家都惊呆了，江豚是多么聪明的生灵，长期生活在危机四伏的环境，居然懂得了借住工具保护自己。大美为了救自己的孩子，毅然决然地往迷魂阵中间冲去，这更让大家感动。

"太好了，多多可以跟着妈妈出来了！"简阳和吴青萍都高兴起来，吴喜水却皱着眉头，表示并不乐观，吩咐冯金鹏去把简易木筏拖来。果然，就在大美接近多多的时候，一只滚钩穿透了木板缝隙，木板被挂在了渔网上。大美再怎么聪明，也无法取下木板，急得东张西望。多多看到妈妈停止不前了，又开始哀哀呜咽。

大美听到多多的叫声，忽然放弃木板，直接朝里游去。简阳的心一沉，大美游过的地方立刻泛出血水，滚钩在她原本就布满伤痕的身上，划出更深更大的口子。

大美忍着剧痛游到多多身边时，身上已经体无完肤了。多多弱小的身子依偎着妈妈，却浑然不觉妈妈的体力已经越来越弱。“金鹏，金鹏，快点！”吴喜水嘴唇哆嗦着，不住地催促冯金鹏。冯金鹏从不远处的草丛里搬来一只狭长的简易木筏，吴喜水立刻撑着下水了。这种木筏一次只能乘一个人，其他人只好留在岸上。简阳目送吴喜水的背影，心里一阵感动，知道他是真的关心大美。

吴喜水撑着木筏绕来绕去，终于接近了大美母子。吴喜水伸手去抱多多，大美信任地用嘴把多多拱到他的手边，任由他把多多抱到木筏上。大美本来就失血过多，现在松了一口气，居然慢慢往水底沉去。“大美，大美！”吴喜水叫着，扑通跳进水里，费力地把大美顶上木筏。

小江豚一见妈妈也上来了，扇动着两只鳍，像是要抱抱一样。吴喜水心满意足地爬上木筏，撑着往回走。但这时的木筏已经严重超出负荷了，压进水里足有半尺多深。简阳和吴青萍紧张得大气都不敢出，死死盯着水面。冯金鹏大叫：“吴大叔，不行啊，你带两只回不来，掀下去一只！”

大美像是听懂了冯金鹏的话，美丽的眼睛滚出大大的泪珠。吴喜水哪里能狠下心掀下去一只，依然吃力地往回划动。这时木筏猛地一顿，显然是被滚钩勾住了。吴喜水一个趔趄，木筏中心偏移，一下翻进水里。吴喜水小腿一阵剧痛，用手一摸，一只滚钩贯穿了他的小腿肚。

“爸，爸！”吴青萍叫着就要下水，被简阳一把拖住。“我去借别人的木筏!”冯金鹏扭头正要走,忽然翻倒的木筏在水中竖了起来。吴喜水把小江豚挤在里侧,贴住木筏,打算用身体护住它。大美瞬间就明白了吴喜水的用意,她用伤痕累累的身子挤住了吴喜水。

吴喜水老泪纵横,两人为了多多,奋力向前游去。木筏和大美各自挡住了一侧的滚钩,终于渐渐接近岸边。简阳一把拉住吴喜水,用力拖上岸。吴喜水腿上还带着滚钩,吴青萍心疼得掉泪,还是急忙抱起了小江豚。

这时浸在血水里的大美再也支撑不住了,最后看了小江豚一眼,悄然沉入水底。吴喜水坐在地上号啕大哭:“大美啊,大美! 你救我做什么? 是我害死你了啊!”

吴喜水和小江豚在救援队赶来后,得到了及时救助。小江豚由专家组负责康复工作,在水生所和爸爸大壮生活在一起。吴喜水在医院住了半个月,死活要出院,吴青萍只好接他回家。简阳为了了解吴喜水和大美两年前的相识经过,再次来到了他们家。

吴喜水吩咐吴青萍冲两碗药茶来,说:“这是金鹏找的偏方,不值钱。喝了提精神,味道还好,让简记者也尝尝。”吴青萍冲好后狐疑地端过来,简阳远远就闻到醇香,一尝居然是咖啡。冯金鹏挤眉弄眼,吴青萍非常感动,但还是悄悄拧了他一把。简阳装作没看见,问起吴喜水和大美邂逅的经过。

吴喜水沉默半天,说:“你要真想写,就写写大美吧! 我不配,两年前不是我救了大美,是大美救了我!”简阳追问怎么回事。吴喜水说当时连续干旱,地里的收成已经没指望了,长江里又在禁渔,布置的迷魂阵经常被渔政局突击检查收走,大家只好采取游击战,自制了不少雷管炸鱼,打一枪换个地方。

那天,吴喜水在江口渡岔道口炸鱼,看见游过来一只江豚,激动得心怦怦直跳,一只江豚多值钱啊! 吴喜水用了两倍的雷管引爆,结果不仅炸伤了江豚,也伤到了自己。意外的是江豚看到吴喜水沉下水里去,居然不顾自己受伤,用嘴顶起他,一拱一拱地将他推到江边。“这只江豚就是大美?”简阳非常意外,江豚居然有以德报怨的品质。

“我把大美交给萍萍后,发誓再也不打鱼了,就在码头上当装卸工。可是卸货挣不了几个钱啊！我总得为萍萍的以后打算打算吧?”吴喜水的声音悲苦无奈:“我看有人又在下迷魂阵,就和金鹏也下了一挂网,哪知道大美娘俩偏偏闯进去。是我害死了大美,害死了我的救命恩人啊!”冯金鹏不语,吴青萍显然也是第一次听到这番话,眼中闪动着泪花。

简阳心里五味杂陈,吴喜水和冯金鹏都不是坏人。他们不过是想通过自己的劳动,换取生活保障。是什么造就了现在的局面？简阳一时有些茫然。离开武汉时,简阳特意乘坐客轮,希望能看见一只野生的江豚,哪怕只看一眼江豚那黑黑的脊背。

可是简阳只看到了两岸林立的高楼,江中穿梭不息的轮船,还有千千万万像吴喜水那样的装卸工。发展与生态如何双赢,人和动物怎么共处,简阳的专题报道已经有了大致方向。只是压在肩头的担子那么重,那么重。

红肚蛤蟆

知味酒楼的老板袁锦年五十整寿，请了几位场面上的朋友在自家酒楼小聚，这可忙坏了后厨的工作人员。掌勺师傅郑大钱使出看家本领，鲍参翅肚自不必说，压轴菜准备的更是平时难得一见的“哪吒闹海”。高强自从为他配菜打下手以来，还是第一次听说这道菜，当即虚心求教：“郑师傅，这是道啥菜？我怎么从来没听说过？”

“你才入行几年，不知道的多着呢！”郑大钱有心卖弄，说这道菜要用一条泥鳅和一只红肚蛤蟆。先净饿它们几天，好把体内的赃物排净，然后放进加了八珍药材的清鸡汤里，蛤蟆和泥鳅已经饿得饥不择食，下了锅就会大口吞食药材。这时鸡汤也慢慢开了，蛤蟆跳不出来只好死死抱住泥鳅，它的红肚皮就像哪吒的红肚兜一样，骑着蛟龙般的泥鳅在沸汤里翻滚，所以叫做“哪吒闹海”。

郑大钱说着端过来一只玻璃缸，里面除了一条泥鳅，还蹲着一只鼓着眼睛的红肚蛤蟆。“这种红肚蛤蟆是林蛙中的珍贵品种，前些年捉得狠，现在都濒危了，老板费了好大的劲才弄来的。”郑大钱要给玻璃缸换水，这时有人叫他，高强立刻说：“你先去忙，我帮你换水。”郑大钱叮嘱他小心之后就走了。

高强捉住红肚蛤蟆翻过来细看,不料手一滑,那红肚蛤蟆哧溜蹦到地上,三步一跳,五步一蹿,直往厨房外面去了。

高强急忙追上去,这时有个菜农开车来送菜,车轱辘照着红肚蛤蟆就碾了过去。再看那只红肚蛤蟆,动也不动地四肢朝天摊在地上,死了。高强的头嗡一声大了,这下别说老板,郑大钱都得要了他的命! 怕什么来什么,高强刚把死蛤蟆扔进垃圾桶毁灭证据,郑大钱就急匆匆地找来了:“红肚蛤蟆呢?”“跑、跑了……”高强不敢直接说已经死了。

“你这小子误了我的大事了,赶紧找啊!”郑大钱叫苦不迭,立刻发动后厨所有工作人员寻找那只红肚蛤蟆。大家急忙翻找一通,结果当然是徒劳无功的。“继续找,就是把酒楼翻过来也得找到!”郑大钱急得青筋直跳,高强心里暗暗叫苦。这时,员工宿舍里传来一个小女孩的哭声,有个员工捧回一个粗口玻璃瓶子给他,兴奋地说:“找到了,找到了,蛤蟆被这孩子捉住了!”

高强瞪大眼睛,眼珠子差点滚掉在地上,那只玻璃罐子里居然真的有一只一模一样的红肚蛤蟆。“那是我的蛤蟆!”一个扎着羊角辫的小女孩追过来,高强一看,是洗碗工杨梅的女儿小梅豆。杨梅急忙过去抱起她:“梅豆不哭,告诉妈妈怎么了。”梅豆哽咽着说她正在屋里画画,忽然有个叔叔进来说是找东西,然后抢了她的蛤蟆。高强看着有点心疼,他平时很喜欢杨梅与梅豆母女俩。

“你说这是你的蛤蟆?”郑大钱皮笑肉不笑地说,“有什么记号? 不会是四条腿、两只眼睛、红肚皮吧?”梅豆瞪着大眼睛,杨梅挤出一个笑容,说:“郑师傅,别逗孩子了。这只蛤蟆真是我们的,是我们从老家带来的。”“谁跟你们逗着玩? 你一个当妈的,孩子撒谎你不管,还帮着撒谎!”郑大钱沉下脸来。

“我的蛤蟆,那是我的蛤蟆!”梅豆忽然上前拉住他的胳膊,趴在上面就狠狠地咬了一口。郑大钱吃痛甩开了她,梅豆摔倒在地上,越发大哭起来,杨梅急忙扶起她。“你干什么？她只是一个孩子！”高强气愤地说。这时袁锦年被惊动了，过来询问怎么回事，郑大钱抢先把事情经过说了一遍。

袁锦年皱着眉头说：“红肚蛤蟆虽然难得，倒也不值什么，但私吞东西的风气不能长。你去把这个月的工资结了吧，明天不用来上班了。”杨梅不相信自己的耳朵，颤抖着说：“凡事总得讲个理字，难道我们娘俩做了贼吗？”袁锦年哪里和她理论，话说完了转身就要走。“袁老板，不关她们的事，要开除你就开除我吧！”高强情绪激动地说出实情，又从垃圾桶里拣出了那只死蛤蟆。要走也是他走，难不成一个堂堂七尺男儿，还要她们娘俩为他背黑锅？

事情出乎所有人的意料，一时没人吭声。“我话都放出去了，客人晚上来了没有‘哪吒闹海’，我这张脸往哪搁？这点小事都办不好，不行都给我卷铺盖滚蛋！”袁锦年见误会了杨梅母女，要道歉面子上又下不来，冲着郑大钱骂了一通，背着手走了。郑大钱苦着脸央求杨梅：“姑奶奶，听见没有？今晚没有这只蛤蟆，大伙都得滚蛋呢！你劝劝你家小姑奶奶，把这只红肚蛤蟆让出来，回头我给你们捉一筐白肚皮的行不？”

杨梅面露难色，梅豆瞪着郑大钱哼了一声，抱着玻璃罐子回宿舍了。不管杨梅怎么哄劝，梅豆都拒绝让出她的蛤蟆。“梅豆，我猜这只红肚皮的蛤蟆是你的好朋友，对不对？”高强温和地问。梅豆低下头，难过地说：“它叫红月亮，是我爸爸送给我的。爸爸生着病，走了好远的路才捉到这只红肚皮蛤蟆，爸爸已经不在了，这是他送给我最后的礼物。”

高强听得鼻子一酸，扭头去看杨梅。杨梅红了眼眶，蹲下身扶着女儿的肩膀，艰难而苦涩地说：“梅豆，我们给爸爸治病把房子卖掉了，我们已经没有家了。幸好妈妈找到这份工作，老板又允许你住在这里。如果老板赶我们走，我们要到哪里去呢？”懂事的梅豆极力忍耐着，大颗大颗的泪珠还是滚落下来：“妈妈别哭，我把红月亮送给他们，但是可不可以请他们不要吃掉红月亮？”杨梅一把搂住女儿，失声哭了出来。

高强心里酸楚憋闷,简直就要爆炸了。他霍地站了起来:“梅豆还是一个孩子,不要逼她了,我去想办法!”“你还能有什么办法?这种蛤蟆就算在我们老家也不好找了,你现在到哪里再去找第三只?”杨梅着急地说。高强忽然想到一个主意,趴在梅豆耳边说起悄悄话来。梅豆听完悄悄话破涕而笑,把怀里的玻璃罐子递给高强,说:“那你说话算话,一定要把红月亮给我带回来!”

杨梅不知道高强用了什么方法把红月亮“借”了出来,但她知道大约永无归还之期了。

晚上七点寿宴准时开席。郑大钱却突然闹起肚子来,一开始还能勉强支撑,后来几分钟就跑一趟厕所。到了宴会的最后阶段,郑大钱几乎虚脱,坐在马桶上都起不来了。“郑师傅,你注意休息,剩下的交给我吧,我替你盯着。”高强主动说。郑大钱见汤汁已经熬好了,八珍药材也是自己亲自碾碎加工的,不会被人偷师,就答应了。

高强进了贵宾室,把灶具、食材罗列开来,手脚麻利地把泥鳅和红肚蛤蟆放进窝里。袁锦年招呼客人们观赏,只见那条泥鳅不住吞食做成颗粒的八珍药材,而红肚蛤蟆大约是没饿过的缘故,老老实实蹲在锅底,并没有进食的欲望。过了大约二十分钟,鸡汤沸腾了,只见红肚蛤蟆果然牢牢抱住了泥鳅,泥鳅难忍滚烫的沸汤,背负着红肚蛤蟆不停地翻滚挣扎,以自己的生命满足一桌食客的饕餮贪欲。

众人不住赞叹,还没来得及动筷子,忽然有管理部门上门来了,说是有人举报这里正在违法销售、食用濒危物种赤腹林蛙。客人们面面相觑,袁锦年咳嗽一声,正要发话,却被高强抢了先:“我想你们误会了,我们酒楼一向守法经营,绝对不会出现这种情况。”高强介绍那只蛤蟆是他用加了超强黏合剂的糯米做的,水越热,黏合剂的黏性就越强。泥鳅被烫得在锅里乱钻,糯米蛤蟆就紧紧黏附在它身上了。工作人员用筷子夹出一点放进嘴里,对同伴点了点头,说:“没错,是糯米!”

袁锦年虽然不知道怎么回事,但明显松了口气。这时杨梅拿着手机慌慌张张冲进来:“高强,蛤蟆不能下锅,郑大钱他……”高强问她怎么回事,杨梅说她刚才去上厕所,听到郑大钱在隔壁男厕所打电话,说着打开手机录音回放功能,众人清楚地听到郑大钱在和对面食为天酒楼的老板通电话。郑大钱说红肚蛤蟆已经上桌,也已经通知了有关部门,希望对方兑现承诺,把十万块钱打到他卡上。

高强听了一惊,怪不得郑大钱处心积虑一定要把“哪吒闹海”端上桌。如果不是他精心捏出一只糯米蛤蟆偷龙转凤,又给郑大钱下泻药争取操作的机会,郑大钱的阴谋就得逞了。“郑大钱这个吃里爬外的东西,想挣大钱想疯了,看我怎么收拾他!”袁锦年怒不可遏,立刻拨通了报警电话。据说刚回到厨房操作间的郑大钱听到这个消息,一紧张又有一股激流汹涌而来,遗憾的是这次没能及时赶到厕所。

“用糯米蛤蟆代替红月亮就是你和梅豆的秘密?要不是郑大钱犯在这里,看你怎么收场。”杨梅嗔怪中掺杂着喜悦。没想到,高强将错就错却帮了袁老板的大忙,袁老板不但给两人涨了工资,还托人解决了梅豆入学的难题。“大不了卷铺盖走人,总得留住孩子对爸爸的这点念想!”高强态度坚决地说,声音忽然温柔起来,“杨梅,我的房子虽然不大,却能给你们一个家,愿意让我来照顾你们吗?”杨梅的脸微微红了,心底涌起一股暖意。

爱的三人行

程燕阳在人体器官捐献机构上班，工作的特殊性让她牺牲了很多个人时间，至今还没有男朋友。最近，她家门口总是一大早就出现神秘礼物，有时是音乐盒，有时是玩具抱熊，今天居然是一条精美的碎钻手链。程燕阳躲在猫眼后面观察，送礼物的是个俊朗阳光的大男生，正是她心仪的类型。程燕阳觉得不能再沉默了，在他要离开的那一刻，程燕阳拉开门，大方地邀请："喂，我刚煮了咖啡，要不要进来喝一杯?"

大男生意外而惊愕地看着她，有点不知所措地抓抓后脑勺，突兀地问："你喜欢挪威圆面包吗?"程燕阳不明白他什么意思，但还是点了点头。他一下高兴起来："我会做！明天，明天我带挪威圆面包来！"说完就兴奋地跑了，看来他是要亲手做面包来搭配咖啡。人长得帅，又有生活情趣，程燕阳实在无法拒绝，喜滋滋地戴上了手链。

程燕阳非常期待第二天早上的约会，没想到快下班时那个大男生居然出现了。他领取了一张人体器官捐献表格，认真填写起来。程燕阳瞄到姓名栏写着吴越两个字，这才知道他的名字。吴越填完后把表格交给她，忽然抓住她的手腕，惊异地问："你的手链哪来的?"程燕阳有点疑惑，羞涩地说：

“你怎么了？手链是你送给我的啊!”“你开什么玩笑?”吴越情急地说,“这条手链是我专程为我女朋友定制的,怎么会送给你？你自己看看,上面还刻着她的名字呢!”

程燕阳急忙仔细一看,上面果然刻着香香公主四个不易察觉的小字,顿时觉得自己被人戏弄了。“你逗我玩的是吧？你这人是不是有病啊?”程燕阳两手叉腰,怒气冲冲地质问。“我有病？我倒是建议你抽空看一下精神科,是不是单身太久出现爱情妄想症了!”吴越刻薄地嘲讽,全然不是早晨的模样。

程燕阳差点气晕,一脚踹了过去。吴越哎哟一声,大声嚷嚷起来:“喂,喂,你们工作人员就是这么对待我们捐赠者的?”这一嚷立刻让事情变了性质,程燕阳的领导不由分说就狠批了她一顿,不但让她归还手链,还要写检查。原本以为遇到了“男神”,结果却是个男神经病。看着同事们狐疑的目光,程燕阳又委屈又丢脸,呜呜地哭了起来。

经过这件事,程燕阳原本以为吴越再也不会出现了,结果第二天一大早就被持续的门铃声吵醒。程燕阳通过猫眼一瞅,门外站着的居然是吴越,怀里还抱着刚烤好的挪威圆面包。程燕阳霍地拉开门,凶巴巴地说:“你又来干什么?”吴越吓得后退一步,一脸无辜:“来送圆面包啊,你看,这么多够不够?”

程燕阳顺着他的视线一看,顿时惊得呆住,吴越身后还停着一辆写着甜蜜蜜面包房的人力车,上面堆得高高的,全部都是挪威圆面包。程燕阳终于察觉事情有些不对劲了,眼前的大男孩虽然长得和吴越完全一样,但他像孩子一样稚气懵懂,根本就不可能和吴越是同一个人。

程燕阳让他进屋坐下,盘问他叫什么名字,和吴越什么关系。“我叫吴奇,吴越是我哥哥,不过他只比我大四个小时哦!”吴奇孩子气地伸出四根手指强调。程燕阳忍不住笑了,一腔怒气消散无形:“你为什么要偷哥哥女朋友的东西送给我?”“不是送给你的,香香不喜欢我,她和吴越吵架了,把这些都还给了吴越。吴越不开心，所以我把这些再给香香送回来。”吴奇这时才想起一个关键问题，“你怎么会住在香香家里？香香到哪里去了？”

程燕阳大致明白了怎么回事，看来这是一对双胞胎兄弟，哥哥失恋，这个傻弟弟在替哥哥挽回感情呢！刚好香香搬走，她租下了这里，才闹出这一场误会。程燕阳解释自己刚搬来不久，吴奇搞明白后提出用圆面包换回那些礼物，程燕阳爽快地答应了。吴奇非常高兴，抽动着鼻子傻笑起来。这么英俊的男生居然脑子有点问题，程燕阳心中怅然。

这时传来粗鲁的大力捶门声，程燕阳一开门，吴越不由分说就挤了进来。“你果然到这来了，还偷店里的面包，你是不是想被开除啊？”吴越把吴奇从沙发上拎起来，愤怒地咆哮着。吴奇吓傻了，想解释根本插不上话。“你干什么？不问问原因就这样骂他，你是怎么当哥哥的？”程燕阳挺身护住吴奇，把事情原委说了一遍，吴越沉默了。

吴奇唯唯诺诺地说：“对不起，我不知道香香已经不住在这里了，不过姐姐已经同意把礼物还回来了。”吴越看了程燕阳一眼，想道歉又拉不下脸来，只是咕哝了一句“对不起”。“算了，都是误会。”程燕阳大度地说。吴越转身拍拍吴奇的肩膀，说：“走吧，我们去找面包房老板，请他再给你一次机会。”

吴越带着吴奇和一车圆面包离开了。程燕阳心里隐隐有点遗憾，她的爱情故事还没开头就已经结束了，不过这场爱情乌龙背后，竟然是一段别样的手足情深，这让她大为感动。程燕阳忽然非常想看看吴奇做面包的样子，刚好他之前送来的礼物都还没带走，于是全部放在一只大纸箱里，决定改天亲自送过去。

甜蜜蜜面包房就在程燕阳上班的路上，她进去时吴奇正穿着工作服在操作间做面包。吴奇见到她非常高兴，接过纸箱后，跑到收银台买了一只挪威圆面包给她：“你吃吧，吴越说就算是自己烤的面包也要用钱买，这个面包是我买的。”程燕阳非常感动，咬了一口夸张地赞叹：“真好吃！”吴奇兴奋起来:“你喜欢就每天来吃,我干活有工资,可以买很多面包给你!”程燕阳眼眶湿润,与那些和女友约会也巴不得AA制的男人相比,吴奇的真挚多么可贵!

从这天开始,程燕阳有空就去看望吴奇,每次都“被迫”吃下一只挪威圆面包。作为回报,程燕阳也带一些好吃的给吴奇,两人关系日渐深厚。有次程燕阳又去看吴奇,发现他的左手又红又肿,得知是烤箱烫的,立刻找老板质问怎么不让他休息。“是他哥哥坚持不让他休息,我也没有办法。”老板的话让程燕阳吃了一惊,她决定亲自把吴奇送回了家。

“吴奇必须休息,再这样下去他的手会发炎的。”程燕阳说。吴越冷冷地看着她,问:“谁要你多管闲事的?”程燕阳很气愤地说:“吴奇伤得这么重是闲事?那这闲事我管定了!”吴越嘲弄地说:“你打算管多久?一个星期,一个月,还是一年?等你的热情慢慢消退的时候,等你忙升职、忙恋爱、忙结婚的时候,你还会来管他吗?”程燕阳一愣,被他呛得说不出话来。

这时,吴奇忽然大声说:“吴越,你不要骂燕阳!”吴越一愣,哼了一声不说话了。“燕阳别怕,”吴奇居然安慰程燕阳,激动而坚决地说,“我不痛,我这就去工作。”吴奇说到做到,立刻就转身回面包房了。程燕阳又感动又心酸,对吴越破口大骂:“你的心是不是肉长的?他是你弟弟啊!我真是瞎了眼,还以为你们手足情深,你根本就是拿弟弟当挣钱工具!”

“我有先天性心脏病,最近心脏功能严重衰竭,大约等不到合适的心脏了。”吴越不耐烦地说,“吴奇小时候发烧烧坏了脑子,他学了半年才会做一种最简单的面包,但只要一个星期不去就会忘记。如果我不在了,他又没有工作,那他靠什么生活下去?”程燕阳感到非常意外。吴越冷静地说:“吃点苦没什么,活下去才是最重要的。”

“也许事情没有这么糟……”程燕阳自己都觉得这句话缺乏说服力,她很清楚现在器官移植的缺口有多大,每年都有大量病人等不到器官而离世。“还有,如果你不能和吴奇做一辈子的朋友,请你不要再接近他,不要让他对你产生依赖。”吴越结束了这次谈话。程燕阳无言以对，酸涩得几乎流下泪来。

一连几天，程燕阳路过面包房都没有进去。这天下起大雨，吴奇被困在一家商场门口。程燕阳看到后急忙跑过去，吴奇一见她就兴奋起来：“燕阳，你怎么不来吃面包了？”程燕阳推说最近很忙，问他怎么还没回家。“我忘记带伞了，吴越很生气，让我自己想办法回家。”吴奇忽然问，“吴越是不是讨厌我？”程燕阳大为震惊，觉得不能再隐瞒下去了，耐心地把真相解释给吴奇听。

吴奇隐约明白了，吃惊地说：“你是说吴越就要死了？”程燕阳发现自己这么做很残忍，但还是点了点头。吴奇一时接受不了这个现实，一会站起来，一会坐下，看起来凄惶无措。“你放心，我正在想办法。也许可以争取到心脏，那他就不用死了。”程燕阳安慰他。“真的吗？”吴奇眼睛中闪现出希望，程燕阳肯定地点了点头。

程燕阳这次送吴奇回家，没等吴越开骂就抢先说：“我天生爱管闲事，大约一辈子都改不了了，我会和吴奇永远做朋友！”吴奇则一把搂住哥哥，带着哭腔说：“吴越，我听你的话，以后每天都会带着雨伞去做面包！”吴越措手不及，得知程燕阳已经把真相告诉了吴奇时，眼圈居然红了。

程燕阳为吴越积极奔走，但是等待心脏移植的病人实在太多，前面还排了长长一队。程燕阳深受触动，更改了自己之前捐献眼角膜的协议，愿意死后无偿捐出所有有用的器官。吴奇为了打听消息，经常跟她到单位了解情况，这一幕幕都被吴越看在眼里。得知吴越也签了这样的协议，吴奇认真思索，没有出声。

吴越病重住院后，程燕阳一有时间就去照顾他。有次吴奇看着两人，语出惊人地说：“吴越，燕阳也可以做香香公主！”吴越一怔，别有深意地说：“她那么凶，哪里能做香香公主？要做也是建宁公主！”程燕阳的脸一下红了，瞪他："你有病啊？""我是有病啊，"吴越一语双关，"如果我没病，我一定会追求你的。"程燕阳的脸更红了。吴奇惊异地说："啊，燕阳的脸变红了！红灯不能过马路，红脸是不是不能再说话了？"吴越哈哈大笑，程燕阳也忍不住扑哧笑出来。

吴越的病越来越严重了，这天吴奇说要交给程燕阳一样东西，让她经过面包店时去拿。程燕阳中途却接到医院的电话，急忙赶到医院。吴越突然发病，陷入深度昏迷，医生已经无力回天了。程燕阳不禁垂泪，这时手机响了，她听完呆立当场，忽然发疯一样奔了出去。吴奇在面包房等不到她就去单位找她，结果因为心急闯了红灯，被一辆大货车撞飞了出去，现在正在送来医院的路上。

救护车鸣着长笛呼啸而来，吴奇浑身是血被抬了出来，程燕阳不顾一切地扑了上去。"吴奇，吴奇，我是燕阳！"程燕阳抓住他的手，跟着担架一路小跑。吴奇进手术室之前意识模糊地看了她一眼，松开了手，把手里紧握的卡片给了她。吴奇进去不久，手术室的灯就灭了。这对结伴来到世上的兄弟好像也约定了同时离开一样，吴越走到生命尽头的时候，吴奇也因伤重不治身亡。

医务人员按例询问死者生前有没有签订器官捐赠，程燕阳这才想起吴奇给她的卡片。那张卡片染满了血渍，上面是吴奇用彩笔写得歪歪扭扭的器官捐献协议。他愿意像吴越和燕阳一样把器官留给有用的人，心脏指明送给自己的哥哥。

程燕阳感到胸口刺痛，泪水却汹涌而下。

蜘蛛侠和他的儿子

普同庆和田敏两口子在城里打工好几年了,总算站稳了脚跟,唯一不放心的就是儿子。儿子普小亮聪明懂事,在老家上小学三年级,成绩一直很优异。两人一合计,咬牙交了两万块钱赞助费,把普小亮接到了城里读书,因为怕儿子在同学面前显得寒酸,还添置了不少新衣服和新鞋子。打点好这一切,普同庆原本想着可以勒紧腰带开源节流了,哪知普小亮第一天上学就带回来一个重磅炸弹。

普小亮一到家就兴奋地报告:“爸,妈,这里的学校真好,有好多兴趣班呢!我已经报名参加科技班了!”“我儿子要当科学家了!”田敏高兴地说。普同庆敏感地嗅出一丝不对劲,忐忑地问:“小亮,你报那个兴趣班,要钱不?”普小亮回答:“当然要钱了,老师说科技班比别的班有智慧含量,科研设备也先进,要交四千块钱!”普同庆一愣,田敏的笑容也凝固了。

当晚,儿子睡了以后,普同庆两口子开始商量这个事。普同庆的意见是不同意儿子再上这个兴趣班,把学习搞好就行了。毕竟他们不是城里人,要是样样都和城里孩子比,玩命挣钱也赶不上啊!田敏不说话,半天叹了一口气:“还以为把小亮接来上学就能和城里孩子一样,看来一出生就注定不同了,这都是命啊!”

普同庆的心被妻子这句话扎得生疼,翻来覆去折腾了一夜,第二天还是拿出四千块钱给儿子交了费用。好在普小亮非常争气,他意识到自己的成绩和城里的同学有一定差距,就加倍发奋努力。两个月后的测试,普小亮取得了全班第二名的好成绩。老师打来报喜电话时,要不是有两耳朵挡着,普同庆的嘴能乐得咧到后脑勺去。

这天,普小亮放学回来显得闷闷不乐,田敏就问他发生什么事了。普小亮低着头说:“爸,妈,我们学校要搞活动……”“这回要交多少钱?”普同庆一惊,看来又要大出血了!“这回不要钱,学校搞家长联谊会,主要是才艺表演。”普小亮为难地说:“我们班同学家长有表演唱歌的、跳舞的,还有拉小提琴、吹萨克斯的。你和我爸都在保洁公司干活,能表演啥啊?”普同庆和妻子对望一眼,面面相觑。

拿什么才艺参加儿子学校的活动,这成了普同庆的一块心病,每天除了吃饭干活就琢磨这事。眼看就要到活动的时间了,普同庆还是一筹莫展,忍不住发牢骚:“这城里学校就是事多,不好好搞学习,一会一个幺蛾子!”田敏蹙眉不语,这时二手电视里开始重播《蜘蛛侠》。普同庆灵光一现,一下跳起来:“有了!”

很快到了活动那天,普小亮见只有妈妈陪他去参加活动,普同庆还要继续上班,明显有些失望。普同庆暗暗窃喜,等这娘俩一出门就立刻开始行动。学校的联谊会办得非常隆重,家长轮番上台展示才艺,把气氛推向了高潮。普小亮坐在会场跟着大家鼓掌,心情却很低落。眼看联谊会就要结束了,忽然同学们发出一阵阵惊呼,所有目光都集中在教学楼高处。普小亮瞪大眼睛一看,顿时傻了眼,教学楼玻璃外墙上趴着的居然是蜘蛛侠!

那个蜘蛛侠就和电影里演的一样,穿着红蓝相间的网格状紧身衣,头上戴着橡胶头套,不同的是他手里却拿着清洁用具,在溜滑的玻璃墙上灵活游弋,除去上面的灰尘。这堵玻璃墙一直是学校卫生的死角,经过蜘蛛侠的清理,很快明亮起来。做完这一切,蜘蛛侠顺着绳索下来,快到地面时一个翻身,稳稳落在地上。

蜘蛛侠走到主席台,对着话筒说:“同学们,外墙清理是很危险的工作,只能交给我蜘蛛侠来完成。你们要保护自己的安全,做好剩下的工作,让我们一起维持学校的环境卫生!”同学们这才回过神来,蜘蛛侠居然来学校帮他们打扫卫生了!会场里顿时响起雷鸣般的掌声,家长们都兴奋起来。这时蜘蛛侠摘掉自己的头套,普小亮顿时欢呼雀跃,那个蜘蛛侠竟然是他的爸爸!

普小亮的爸爸是蜘蛛侠。这个劲爆的消息迅速传遍全校。作为蜘蛛侠的儿子,普小亮也备受瞩目,不少同学专程到班级来看他。这天放学以后,几个男同学又来找他,打听他爸爸蜘蛛侠的事。一个小胖子问:“普小亮,你爸爸可太牛了!他平时做什么工作啊,保卫世界和平?”普小亮抓耳挠腮,困惑地说:“我爸爸就在一家保洁公司上班,我也没见他抓过坏人啊!”“那可不见得,说不定他上班就是在这个城市到处穿梭巡逻,看见坏人就嗖地飞过去了!”另一个同学做出蜘蛛侠一伸手掌喷出蛛丝的经典动作,其他同学立刻羡慕地看着普小亮。

在几个同学的撺掇下,普小亮答应带他们去爸爸上班的公司一探究竟。到了一问才知道高空作业部正在龙翔宾馆干活,有个同学知道地址,几个孩子又辗转找到那里。龙翔宾馆是一座二十多层的大厦,正在做外墙清洁,明晃晃的玻璃外墙上挂着好几个民工。“你们几个孩子干吗呢?一边玩去!”一个守着压力水泵的民工驱赶他们。普小亮说:“我找我爸,他叫普同庆!”“哦,你就是老普培养的‘贵族儿子’!”那个民工笑起来:“上面,你爸在墙上呢!”

墙上的几个身影显得很小,普小亮仰头眯眼瞅了好长时间,才看到一个熟悉的身影,那是他的爸爸普同庆。普同庆穿着破旧的迷彩服,趴在墙上吃力地干活,早就没有了蜘蛛侠的光辉和潇洒。“原来只是民工啊!”几个孩子大失所望,立刻转移兴趣商量去吃肯德基。普小亮身上没带钱,心里怪怪的不是滋味,就独自回去了。

普小亮正在做作业,普同庆下班回来了,一进门就问他:“你今天去找我了?有事吗?”“没事,就是和几个同学去玩玩!”普小亮头也不抬地回答。普同庆声音高起来:“没事去玩玩?你放学不回来好好写作业,到处瞎跑什么?”“同学们还去肯德基了呢,我就随便逛逛又没花钱。”普小亮小声嘀咕:“知道你在做那个破工作,我才不去找你呢!”普同庆一下火大了,随手摸到一根痒痒挠就抽过来:“你个不学好的孩子,还没出息就忘本了?能嫌弃我了!”田敏急忙跑出来拦住他,普小亮已经挨了好儿下抽了,疼得掉下眼泪。

普同庆长吁短叹,到了半夜还没睡着。田敏小声埋怨:“你也真是的,和一个孩子生气,他才多大?背上淤青了好几块,你真能下得去手。”普同庆沉默不语,半天问一句:“涂药了吗?”“早涂了,还能等着你呢?”田敏呛了他一句,普同庆不说话了。隔着布帘,普小亮把这一切都听在耳内,泪水又流进了枕头。

普小亮虽然认为爸爸让他丢了面子,但更多的是心疼他在这么危险的环境下工作。普同庆则很受打击,隐约觉得所有心血都白费了,要是再一味纵容,这孩子以后就毁了。父子俩弄拧了表达方式,一连好几天,普同庆绷着脸,普小亮也不甘示弱。田敏气得不行,骂他们是一对活冤家。就在普小亮打算和爸爸坚持到底的时候,普同庆出事了。

普同庆在为居民区清理室外空调机时,保险绳意外断裂,从五楼掉了下来。所幸楼层不高,又被遮阳棚缓冲了一下,只是腿部骨折,多处擦伤。普小亮跟着妈妈到医院时,普同庆的腿打着夹板,正高高吊着。普小亮见了一愣,憋了很久,忽然哇一声哭了出来。普同庆的心一酸,伸手摸了摸他的头。父子俩虽然一句话也没说,僵持已久的隔阂终于瓦解了。

学校的老师和几个同学到医院看望普同庆来了,这让普同庆非常意外。“这几个是我们科技兴趣班的同学,都是小亮的好朋友。”老师微笑着说:“今天我来,有份大礼要送给你。”普同庆受宠若惊,连忙说:“老师您客气了,这鲜花水果已经很好了,我怎么能再收您的大礼?”老师笑而不语,打开带来的盒子,拿出一只外形像汽车的小型机器人。

贴着墙壁一放,那小机器人居然像壁虎一样贴在墙上了,有趣的是机器人两只手上都连着毛刷。这时普小亮按下了遥控器,那小机器人开始贴着墙壁移动,手里的小毛刷一上一下,一左一右清理墙壁。普同庆瞪大眼睛,这要是做成几个成年体型的,他们就不用冒着巨大风险上墙了啊!“这是普小亮同学的创意和设计图,我们全组合力钻研的成果,马上就要送去参加今年的少儿科技创意比赛了!”老师赞许地说:“你养了一个好儿子,他有科技头脑,将来一定能有大出息的!”

“你听见了吗?咱儿子会有大出息的!”普同庆激动不已,田敏喜极而泣,连连点头。普同庆一把拉住儿子的手,嗔怪地说:“你这小家伙,研究这个怎么不告诉我?还在生我的气?”“哪有?因为像你扮蜘蛛侠给我惊喜一样,我也想让你高兴一下嘛!”普小亮眨巴着明亮的眼睛,狡黠地笑了。

铁血山河

一九三二年初，日本关东军蓄意在上海制造事端，唆使五名日僧在当地工厂挑衅闹事，提出道歉、惩凶、赔偿、解除抗日团体四项无理要求。时值国民党正全力在江西“剿共”，对日继续执行不抵抗政策。上海政府得到命令后，忍辱负重全部接受日军的条件，民众一时哗然。日军一计不成，又以保护日侨为借口，要求中国军队撤出闸北，并且不等答复就于当晚发起突袭。卫戍沪宁的第十九军奋勇抵抗，上海沦于战火之中。

日军有了这块自欺欺人的遮羞布，立刻从本国调兵。第十九路军孤立无援，迟迟得不到当局的支援，很快处于劣势。上海民众义愤填膺，工人罢工，学生罢课，抗日的呼声一浪高过一浪。在这样危如累卵的时刻，国民党将领张治中将自己关在书房里，房门已经一天一夜没打开了。

洪希厚抱着一只半大的白色哈巴狗，远远地站在廊下，身边跟着一个叫如意的小丫头。如意问：“太太，刚才送进去的饭，老爷一筷子都没动就让端出来了。要不要我再热一热，送进去？”“罢了，这个节骨眼上，他哪有吃饭的心思？”洪希厚叹了一口气，她十七岁就嫁给张治中，深知丈夫此时一颗心都在上海局势上，油烹水煮似的煎熬着。

洪希厚正在出神，突然一只浑身滚着波浪纹的花猫从墙上跳下来，她怀里的哈巴狗一见就蹿了出去，呜呜作势扑咬。洪希厚连声呵斥，那花猫被追得急了，蹭地从窗口蹿进书房。哈巴狗“追敌”心切，竟也跟着从窗口蹿进去。只听砰的一声，不知哪只倒霉的花瓶粉身碎骨了。如意吓得身子向后一缩，这猫狗没有眼色，在这当口捅了马蜂窝，看来是活得不耐烦了。

这时，门吱呀一声开了，一猫一狗夺门而出，瞬间跑得没了踪影。出人意料的是张治中并没发火，他的两颊消瘦了不少，剑眉紧锁，在眉心拧成一个疙瘩，布满青色胡茬的脸上只剩一双眼睛依然炯炯有神。洪希厚急忙上前，吩咐如意进去打扫碎片。“泰山崩于前而不瞬，猝然临之而不惊，长官好气度！”一个清脆女声响起，张治中抬头一看，说话的是个留着学生头、穿蓝色夹旗袍的年轻女子。她跟在四弟张文心身后，拎着一只小巧藤箱，站在庭院石径上，不亢不卑。

张文心急忙介绍，她叫叶青萍，是受何香凝的委托来送礼的。何香凝是国民党元老，现在任妇女部部长，连蒋介石都得给她几分面子。张治中不敢怠慢，这时书房已经清理干净，便请叶青萍进去，客气地问：“既非节庆，我这里也没喜事，何部长让你送的什么礼？”“请长官过目。”叶青萍说着打开藤箱，里面竟然是一件女人穿的裙子，上面压着一张纸，何香凝亲笔写道：“在自称男儿，甘受敌人气。不战送江山，万世同羞耻。吾济妇女们，愿往沙场死。将我巾帼裳，换你征衣去。”

张治中登时全身血液都往头上涌去，像被人劈面打了两个耳刮子一般，脸上火辣辣的。张文心瞪着两眼，嘴巴张开竟一时合不拢了，半天才懊恼道：“青萍，你执意进来就为送这个？”叶青萍也不理他，冲着张治中鞠了一躬，说：“何部长说，这大礼不止是送给长官，也是给蒋委员长和其他将领的，烦请大人代为引荐。”张治中听了似有踌躇，一语不发。

“长官要是为难，青萍自个儿再想办法。长官的书房尚且看顾不住，任由猫狗撒野，何况广袤国土？”叶青萍扬扬嘴角，神色鄙然，“百万将士，竟无一人一枪出征，军中无男儿，怨不得日蹄任意践踏欺凌！”“我认识你那么久，怎么不知你嘴巴这样恶毒？”张文心后悔带她进来，气急败坏地说。张治中不与她计较，淡淡地说道：“军国大事，凭的不是匹夫之勇。若一人一枪可以退敌，张某不惜此命。东西留下，文心，送叶小姐出去吧！”

张文心送走叶青萍，很快折返回来，此时张治中正由洪希厚服侍洗漱，勤务兵拎着藤箱在门外候命。张文心见他真要转交这份烫手的特殊大礼，急忙说：“大哥，自十九军和日军交火以来，你屡次请战，委员长都没有答应。你现在送这个去，万一……”张治中拦住他的话头，忽地笑了一笑：“万一此次请战不成，我只能将军装脱下，穿了这裙子回来了！”张文心与洪希厚对望一眼，知道无法再劝，张治中此去是抱着必死之决心了。

“老爷既然要去，刚才怎么不答应那位小姐？反倒让她白白奚落？”如意不解，疑惑地问。“这撩虎须的事当然人越少越好，有吃军粮的人在，何苦再拉上一个女学生？”洪希厚回答。张治中见妻子与他心意相通，赞许地看她一眼：“这才是我张治中的妻子，好好地跟着那些太太们学什么养猫抱狗的，不是咱们贫寒出身人家的做派！”洪希厚听了，双颊骤然赤红。张文心见状要为她辩白，那哈巴狗是他从外头捡来的，大嫂可怜它才养着。洪希厚知道他要说什么，摇了摇头，示意他不要开口。

张治中赶去见蒋介石的同时，上海战局又有新的情况，日本内阁于二月十四日又调第九师团参战，由师团长植田谦吉统一指挥。植田谦吉毕业于陆军士官学校，作战经验丰富，有了第九师团支援，十九军覆没只在旦夕之间。上海危急，游行的民众围住国民政府。其中有个叫何伟鸣的年轻人爬到树上，将一块裹着宣传单的石头扔进蒋介石的办公室，这引发了一场混乱。何伟鸣与另外两名青年学生被拘捕，这越发激怒了民众，抗日的呼声震耳欲聋。

张治中走进办公室时，只见地上的玻璃尚未清理，桌子上有块石头压在皱巴巴的宣传单上。蒋介石沉着脸来回踱步，一将领屏声静气，不敢贸然开口，气氛异常紧张沉闷。张治中是蒋介石得力的心腹爱将，一见他进来，蒋介石便指着桌子说："文白你来看看！剿共，剿共，共产党的渗透工作都做到南京了！"张治中拿起一看，上面写着"同根相煎渔翁得利，外御欺辱一致抗日"等口号。张治中心里一震，此事可大可小，如果蒋介石认定此举是共产党渗透的结果，那何伟鸣等三个青年就必死无疑了。

张治中搁下宣传单，对此并不置评，反而开口说："委员长，今天我也代党国收下一份大礼，已经带来了。"众人一愣，蒋介石清楚张治中此时冒出这么一句，必然有他的缘故，示意他继续。张治中将藤箱放在办公桌上打开，众人一见裙子和诗，都倒吸了一口气。张治中此举无异于火上浇油、雪盖冰水，必然会彻底激怒蒋介石。果然，蒋介石登时额上青筋暴起，气得脸色发紫。

"日军在上海集结，亡我中华之心昭然若揭，妇孺小儿皆知，何况学生？上海距南京不足三百公里，中间几乎无险可守，上海失，则南京亦失。"张治中言辞恳切，"委员长，事从权宜，战则顺应民意，不战尽失人心，此役势在必行啊！"蒋介石听完后冷静了下来，面色渐渐缓和。张治中趁机再次请战，蒋介石思虑再三，沉重地说道："事从权宜，文白，此次就由你驰援上海吧！""是！"张治中啪地敬个军礼，憋闷积郁多日的胸口终于豁然敞亮起来。

二月十四日，军政部颁发命令，将驻京沪、经航线的第八十七、八十八师以及中央军校教导总队合编为第五军，由张治中任军长兼第八十七师师长，火速增援上海。消息一出，军民具欢，在编出战的士兵们摩拳擦掌，恨不能一步跨到前线，没能参加的难免感到遗憾。然而，谁也没想到的是此时在张治中家里，却是另一番景象。

张文心所在总队能去上海前线，兴奋得走路都雄赳赳的，旋风似的进进出出。洪希厚心里却七上八下，张文心自七岁就跟着她，名为弟弟，其实跟她的孩子差不多。前线的枪子跟下雨似的，哪一颗都没长眼睛，纵然明理如她，一想到张文心可能再也回不来了，心里也不禁犯怵打颤。张治中见她忧心忡忡，开解道："日蹄践踏上海，不知多少无辜民众受害，当局能发兵是好事，你怎么反而不开心？"

洪希厚鼓起勇气说："文白，四弟还小，可不可以给他换个差事，不去上海？"张治中瞪大眼睛，像是不认识她似的盯着她良久，说："希厚，你怎么能说出这样的话来？保家卫国是军人的天职，我怎么能把文心换下来？"洪希厚见事情无回转的余地，只好退而求其次："那么，你把文心牢牢带在身边，不要让他冲在前面。"张治中勃然大怒："真是越来越糊涂了！你怕亲人战死沙场，难道别的士兵就不是父母所生，没有妻儿要养的吗？"

洪希厚与张治中鹣鲽情深，哪里受过这个重话，顿时羞愧难当。这时勤务兵报告，上次来送礼的叶小姐又来了，张治中带着气出去了。这一幕被躲在外头的如意看在眼里，不由得伤心起来。她十岁时父母陆续过世，唯一的哥哥也被杂耍班子拐走了。洪希厚把她从老家带出来，和张文心一块养着，她和张文心的感情尤其深厚。现在张文心要上战场，连洪希厚说情都被张治中骂了，她更是没有办法可想。

叶青萍这次的态度和上次截然不同，先是为自己上次的失礼道歉，然后提出请张治中临走之前再帮一个忙。张治中颇为欣赏她的胆识，豪爽地说："说吧，你们'娘子军团'又有什么新的指示？"叶青萍请求："我们学校有三个同学被拘捕了，请长官施以援手，救他们出来。"张治中面色一沉，缓缓地说道："他们果真是你的同学吗？"张治中的咬字重重落在"同学"两个字上，蒋介石的疑心不无道理，何伟鸣的身份十分可疑。

"他们是我的同学，我可以出具学校的证明。长官，看在他们也是一心为国的份上，请帮帮他们吧！"叶青萍诚恳地说。张治中不语，叶青萍急了：

“抗战在即,有枪子也该对着日本人打,爱国要是该杀,岂不是让亲者痛仇者快吗?”张治中说:“你把学校的证明留下,我会酌情办理的。”叶青萍面露喜色,松了一口气。

部队出发之前,张治中不仅在军中做了战前动员,还在家里为张文心专门举行了一个仪式。张治中让他跪在母亲牌位前,磕完头后,又让他咬一口生姜,喝了一口陈醋。张文心皱着眉头问:“大哥,你给我吃这些东西做什么?又辣又酸的。”“我十六岁那年离家闯荡,临行前母亲让我咬一口生姜,喝一口陈醋,说受得住苦辣辛酸,才能成人立业。”张治中言辞恳切、意味深长地说,“现在母亲不在了,大哥把母亲的话转述给你。同时也告诉你,作为一个军人,要随时做好牺牲的准备。”

张文心听了神情庄重起来,说:“大哥放心,我一定奋勇杀敌,不会给你丢脸的!”洪希厚知道什么话都说不得了,只好忍泪为他们打点行李。

张治中率军驰援上海之际,蒋介石为了收揽人心对外做了讲话,表明自己抗战的立场。张治中趁机进言,力劝蒋介石释放何伟鸣等三名激进青年。张治中率领第五军及中央陆军军官学校教导总队,于二月十六日到达上海,归第十九路军统一指挥。第十九路军总指挥蒋光鼐和军长蔡廷锴对他们的到来表示热烈欢迎,命张治中为左翼军,接替从江湾北端经庙行至吴淞西端的防线。

张治中率领左翼军和右翼军联合抗敌,一连打了好几场胜仗,极大地鼓舞了军民抗日热情。日军受到重创后,再次提出谈判。张治中致电南京政府,提醒蒋介石不要被日军假意谈判以争取时间增兵的阴谋蒙骗。蒋介石抗日决心本来就不够坚定,局面一旦有所好转就又动摇了。张治中心忧如焚,日军果然很快二次增兵。这次植田令日军全线总攻,以第九师团主突江湾、庙行结合部,意在切断左翼军和右翼军的联系。

日军飞机成群结队轰炸中方阵地及后方,张治中的左翼军死伤严重,陷入空前的困局。上海战情牵动着全国人民的心，各地募捐的药品、绷带等急需品陆续到达。上海妇女成立了抗日救国大同盟，勇敢地穿过枪林弹雨，从前线抬回受伤的士兵，叶青萍就在这支特殊的队伍里。在飞机大炮的掩护下，日本步兵已经攻到庙行边界，遭到守军的殊死抵抗。张治中立刻增援庙行，并亲自带领教导总队坐镇指挥。

“长官，我有医护经验，请让我和你们一起去吧！”叶青萍请求。张治中被她眼神中的坚定执着打动，如果拒绝她肯定会偷偷前往，那势必更加危险，于是答应下来。叶青萍跟随张治中的部队出发，途中遇到日本飞机猛烈轰炸，只能就地躲藏，一直到暮色四合，四周才慢慢恢复宁静。炮火的余烟加重了暮色的黑暗，原本光秃秃的树林变得密密匝匝起来，吞没了道路。

张治中深知此时穿过树林正是行军大忌，倘若敌人利用这天时地利伏击，后果不堪设想，可是事出紧急，不走又怕延误军情。张文心见状，自告奋勇带一支小队先行查探，回来后他兴高采烈地说：“这林子不大，半个小时可以穿过。林子里还有好大一座寺庙，里面住着不少和尚。领头的和尚是个兔嘴儿，那兔嘴和尚说这一带还算平静，并没有日军来袭击过。”

张治中沉着脸说：“汇报情况要准确扼要，和当地人接触要尊重他们的风俗和信仰，那主持有残疾就更得注意。又是领头的又是兔嘴和尚，你当是讲评书吗？”叶青萍听了抿着嘴笑，张文心尴尬不已，啪地行了个军礼：“是，长官！”

张治中命令部下提高警惕，全速穿过树林。就在走了一半时，忽然响起一阵嗒嗒嗒的枪声，走在前头的士兵来不及拉开枪栓，就稀里糊涂地倒下了。张治中立刻下令就地卧倒反击，不料对方火力十分猛烈，火舌随着密集的嗒嗒声交织成一片。张治中沉着指挥，命令一个分队后退，设法穿过树林迂回包抄，联合制敌。不料后方也很快传来密集的枪响，敌人早就抢先一步将他们包围了。

张治中发现黝黑的林子中有座建筑若隐若现，正是张文心之前提到的寺庙，于是下令撤到寺庙附近，以寺庙为掩体反击。张文心轻车熟路，带人率先到达。不料先前一团和气的和尚们突然变了脸，紧闭寺门，一杆杆枪从围墙里伸出来。张文心冲着里面叫嚷："你这兔嘴主持，听见枪响就关门自保，这样胆小怕死怎么修成正果？"张治中说："别叫了，只有数念珠的和尚，哪有拿枪的僧人？想必是附近的聚众土匪，躲起来等着渔翁得利，捡些遗漏的枪支。"

张治中一边说，一边打量这座寺庙，只见门额上刻着"泗漕庙"三个字。寺庙年代虽然久远，却都是实实在在的青砖红瓦，寺院里古木参天，与厚实的墙壁几乎合拢，简直就是天然防御工事。张治中心中一动，有了反击日军的好主意。

张治中计较已定，当务之急要先进入泗漕庙。寺里枪支有限，使蛮力攻下也不是难事，只是此时情况紧急，又有日军前后夹击，实在不易再分散火力。张治中想了想，大声喊话："不知里面是哪座山头的好汉？可愿意和我张治中做个买卖吗？"这时，里面有人搭腔："你是哪个张治中？"

"鄙人祖籍安徽巢县，国军第八十七师师长张治中。"张治中答。里面静了一会，又问道："你打算和我们做什么买卖？""我出大黄鱼十根，买你藏身寺庙一用。"张治中此言一出，身边士兵无不侧目，泗漕庙里头也动心了。大黄鱼是指十两重一根的足色金条，十根大黄鱼可是一笔不小的财富。"我们能信你？你也有人有枪，万一开了门你反悔呢？"里面的人警惕性非常高，死活不开门。张文心大步走出来，说："咱们刚才见过面，我叫张文心，是张师长的亲弟弟，我愿意给你们当人质！"

张治中看了弟弟一眼，饱含愧疚与歉意，张文心坚定地笑了。他和土匪做的这个买卖根本就是开的空头支票，别人不清楚底细，张文心心里应该有数。他做人原则性强，不是该拿的钱一分不要，每月饷银除去一家子生活开支,也剩不下几个,别说十根大黄鱼,就是一根他也拿不出来。张文心明知如此还自愿当人质,可见已经做好了牺牲的准备。

战乱流离的年代,土匪的日子也不好过。张治中开出的优厚条件,又有亲弟弟做人质,泗漕庙里的土匪动心了,喊话让张文心丢掉枪,一个人挨上门来。张文心义无反顾地走到庙门前,庙门吱呀一声开了,瞬间两把枪一左一右顶住了他的脑袋。"能拿亲弟弟做人质,我倪兔儿就信你一次!"倪兔儿走了出来,他留着光头,上唇有一道手术缝合过的疤痕。

张治中此时也无暇多想,率领部下进去后,冷静地指挥分派。他选出枪法极准又擅爬树的士兵编在一队,都趴在树上藏着;其余的编在二队,沿着围墙架枪趴了一圈。布置完毕后,大家静静等候日军围拢上来。倪兔儿凑在张治中身边,说:"长官,你们长枪短炮都有,你看这样行不行?一会打完了,那些日本兵的枪就归我们捡了,成不?"张治中不说话,叶青萍冷淡地说:"那要看你把枪口对准谁,你对准日本兵,还可以再多送你一些。你要是对准自己人,那还是算了吧!"

倪兔儿被呛得脸一红,讪讪地不说话了。这时寺庙围墙外远远有黑影蠕动,日军已经包抄上来了。倪兔儿缩回了头,他心里只惦记着十根大黄鱼,可没打算为他们卖命。眼看日军的包围圈越围越小,已经进入有效射程了。"二队射击!"张治中命令一下,围墙上的士兵们一齐开火。日军早有准备,立刻原地卧倒反击。双方交火了一阵,张治中假装不敌,命令二队撤离退守院内。日军果然上当了,撞开寺门,一哄而入。

这时张治中又下达新的命令:"二队进入掩体,一队射击!"藏在树上的士兵们听到命令后,纷纷开足火力向下射击。日军猝不及防,一时鬼哭狼嚎,急忙向后撤离。这时一队已经截断日军的后路,双方展开激烈对战。出乎张治中意料的是,狡猾的日军早就在树林中保留了一部分兵力,此时试图从外围攻入,却被另一股火力拖住。张治中暗暗纳罕,那股火力的枪声密集却不连贯，一听就不是他们的部队，到底是什么人呢？

尽管不清楚对方是敌是友，但消灭日本兵是首要任务。张治中下令追击，日军腹背受敌，顽强抵抗后还是被消灭殆尽。一切都结束后，张治中站在泗漕庙前，眼前唯有遍地的日军尸体，并不见刚才增援部队的一兵一卒，看来对方并没打算现身。张治中朗声说道："既然不愿现身，张某就在此谢过。他日有用到张某的地方，张某自当还今日之情。"

"张师长言重了，国家危难之际，理当联手抗敌。何况师长义举在前，我今天倒真是还人情来了。"说话间一个青年从林中走了出来，气宇轩昂，颇有英武之色。张治中疑惑道："我们素未谋面，何谈义举在前？""虽然无缘得见，但时时听青萍提起你，也形同故人了。"那青年微笑说，叶青萍表情羞涩而神秘。张治中纳罕，开门见山地问："不知阁下如何称呼？""在下何伟鸣。"那青年话音一落，张治中不由得脸上变色。这人就是煽动游行、砸碎南京政府办公室玻璃的何伟鸣。

叶青萍低声道歉，她对张治中隐瞒了真相，何伟鸣并不是学生，他是一名中共党员。何伟鸣观察他的反应，笑了笑问："师长难道是后悔救了我？"张治中心里原本有些波动，被他这么一问，反倒不动声色地回答："正如你所说，国家危难之际，理当联手抗敌。我只知道我们都是中国人，是中国人就该联手，把犯我中华者一个一个赶出去！"何伟鸣面露钦佩之色，言辞恳切地说："张军长为国为民，抗日之决心有目共睹。根据我们的最新情报，日军已经在庙行一带集结了第九师团和第二十四混战旅，总计约两万人，张军长宜速速再做部署。"日军这是要集中火力，逐个击破啊！

张治中当即派人分两路分别与蒋光鼐和蔡廷锴联络，请求派兵增援，一致抗敌。"郊区民众抗日热情非常高，届时会暗中协助作战，我先去安排。"何伟鸣不敢耽搁，当即起身。张治中叫住他，说："你明知道这里危在旦夕，还把叶小姐留在这里？"何伟鸣微微一笑："越是危险的地方，越是需要我们，妇女抗日救国大同盟也是我党的工作，这里需要她。”

叶青萍接着说：“我有同学老家就在这里，她已经提前发动姐妹们做好了担架、食物等备用，我这就去与她们会合。”张治中目送他们离开以后，心神犹自激荡不已，这是他第一次和共产党员正面接触。他们不计个人得失，甘愿为民众、为国家抛头颅洒热血，这才是一个国家、一个民族的希望啊！

“长官，咱们的约定也该兑现了吧？难不成你们还等着我管早饭不成？”倪兔儿的声音在身后响起，提醒他还有一个重要问题没有解决。

张治中转过身，他的部下不等命令便哗啦一声，都端起枪围住了这伙土匪。倪兔儿见他们要翻脸，不慌不忙地把枪别在腰间，从绑腿里抽出一把泛着寒光的匕首来。他一改之前嬉皮笑脸的姿态，将匕首插进了张文心的肩头。张文心疼得一个哆嗦，无奈后脑勺上被枪顶着，一下也动不得，只能任由鲜血汩汩地流淌下来。

张治中镇静地说：“你现在只能拿到九根大黄鱼了，你动他一下，就抵消一根。”“哎呀，长官怎么不早说？现在拔出来还来得及吗？”倪兔儿故意做出心疼丢了一条大黄鱼的神情，攥住刀柄猛地拔了出来。这一下远比插进去痛苦百倍，张文心啊的一声，痛得弯下腰去，嘴里不住叫骂：“你有种就插我十下，冲着胸口来！有那十条大黄鱼也不会给你，十条大黄鱼能买多少子弹？能打死多少日本兵？你这杂碎知道吗？”

张治中知道弟弟此举必然激怒倪兔儿，倪兔儿果然恼羞成怒，正待怎么样，忽然有两个手下绑了一个穿红衣的女子过来。“大哥，逮到一个妞儿，背的都是破烂东西，不过长得真是水灵！”其中一个邀功地媚笑道。张治中看见那女子顿时吃了一惊，张文心已经叫起来：“如意！你怎么到这来了！”

两个土匪绑来的正是如意，自从张治中的部队接连受创，她就跟着洪希厚在家日夜缝制医用绷带。洪希厚原本让她送到统一机构，如意却临时改了主意，自己背着就上路了。张治中听到洪希厚在家日夜赶制绷带，心里既欣慰又酸楚:她在缝制这些绷带时,也许会想哪一根可能用在自己丈夫身上,哪一根用在自小拉扯大的四弟身上,这无异于分分秒秒都是锥心的折磨啊!

倪兔儿原本呆呆听着如意说话,忽然上前扒着看她的脖颈,如意惊得尖叫起来。张文心急了,怒骂:“你个千刀万剐的兔嘴儿,你敢碰我妹子,我活揭了你的皮!” 这时,倪兔儿看清了如意脖子上有颗朱砂痣,抱着她大哭起来:“如意,我是哥哥啊!”如意吃了一惊,不相信地说:“你胡说,我哥哥是兔儿嘴,你……”倪兔儿说当年他被一伙玩杂耍的人强行带到了北京,靠着天生残疾的兔儿嘴在天桥卖艺挣钱。等他两年后逃了出来,一路乞讨流浪回到安徽时,如意已经不在老家了。他为了找妹妹一路流浪,最后混进了土匪窝。

“可是你的嘴……”如意还是难以置信。“前年我们绑了个外国来的洋大夫,他说我这叫作兔唇,可以治好。我答应不杀他,他就帮我缝起来了。”倪兔儿情急地解释。“你真是我哥哥兔儿?”如意惊喜交加,忽然呜呜大哭起来,“我还只当这辈子见不着你了……”倪兔儿也喜极而泣,在场的人都被这对意外重逢的兄妹感动了。

张文心这时故意哎哟一声,如意这才发现他肩膀上的伤口,不由得惊叫起来:“你这是怎么了?”张文心趁机将事情原原本本说了一遍,装作有气无力地说:“这怨不得你哥哥,谁让我们拿不出大黄鱼呢?算起来还差九刀呢,也不知我能挨到第几下……”“先不说张家对我有恩,打日本原本也是所有中国人的事,你怎么能这么干呢?”如意吃惊地问。

倪兔儿张口结舌,张治中这时公正地说:“这条件原是我提出来的,大丈夫言而有信,虽然我现在一时拿不出来,但我可以写个欠条,以后会分期还上的。”张治中当场写下欠条交给倪兔儿,倪兔儿有些意外,脸上露出愧色。如意瞪着他,呵斥道:“你不去打日本兵,反倒在这趁火打劫。你要拿了这借条,我不认你这个哥哥!"

倪兔儿这回犯了难,一边是黄澄澄的大黄鱼,一边是失而复得的唯一亲人,他哪边都舍不得啊!这时空中一阵嗡嗡声响,一架飞机低空掠过,在泗漕庙上空投下多枚炮弹,众人急忙卧倒。"如意,如意!你醒醒,这借条哥哥不要了!"倪兔儿惊恐地抱着如意摇晃,如意的鲜血在他身上染出鲜艳夺目的花朵,她的生命之花却早早凋谢了。倪兔儿刚刚认回了妹妹,就眼看着她死在自己怀里,仰首发出一声又一声受伤野兽般的绝望嚎叫。

张文心克制忍耐,还是流下了热泪。张治中抬头望着弥漫着炮弹硝烟的上空,只见一架又一架的敌机源源不断地飞来,一场恶战就要开始了。

张治中带领部下赶到庙行守军指挥处,调集所有兵力奋起抵抗。除了飞机,日军还出动了火力强劲的重炮和敌舰炮,战况空前激烈。蒋光鼐和蔡廷锴的援军被日军围堵,赶不过来。这时何伟鸣和叶青萍率领当地民众赶来支援,青壮劳力到前线帮着挖战壕、筑工事、护送撤下来的伤员,妇女和老人则在后方参加战勤工作,烧水做饭。一天一夜后,张治中的部下死伤过半,谁也不知道还能坚持多久。

张治中在指挥部盯着沙盘来回踱步,目前死守已成困局,只有反攻才有一线生机。只是日军战线既长且牢,密不透风,竟找不到破绽下手。张治中正在困扰,倪兔儿这时在外面和守卫推搡起来:"你让我进去,我不是来追账的!""那你来干吗的?指挥部是你一个土匪头子想进就进的?""土匪怎么了?土匪不是中国人吗?我妹妹说了,是中国人都有责任打日本!"

张治中让他进来,倪兔儿也不拘束,大大咧咧地说:"要杀鬼子,我自己掂着刀就去了。我来还想问问你,庙行这地方没有险要地势能依仗的,老守着人不是越死越少吗?干吗不寻个地方钻出去,绕到敌人后面打?"张治中惊异他竟有这样见识,不住称赞。倪兔儿得意了,说:"这有啥的,哪个做土匪的不是军师之才?不但会战术,脑子里还要有幅活地图哩!"

张治中心里一动，指着沙盘让他看哪里有空子可钻。倪兔儿审视良久，一指头朝着竹林墩河岸戳下去："这里！""河岸上有日军把守，此路不通！"张治中摇头。倪兔儿说："没说河岸，走河道，从水底下过啊！我们以前做船上的活，都是这么干的！"张治中不由大喜，说："倪兔儿，我若是让你带兵突围，你敢吗？""敢！"倪兔儿恨恨地说，"为了我妹妹，我也要杀个够本！"

倪兔儿奉命行动，挑了几名水性极好的兄弟打头阵。他们趁夜间悄没声息潜到守卫日军的面前，捂着嘴一刀戳了，按进水里，整套动作干净漂亮。如法炮制几番，剩下的日本兵终于发现身边的人越来越少，但是已经晚了。就在日本兵试图求援的时候，张文心带着部队已经攻了上去，顺利打开了缺口。

张治中下令发起反攻，攻破一点，全盘皆活，日军忙于调兵防守，对另外两处援军的钳制放松了，也随之被一举突破。在炮火轰鸣、奋力厮杀之中，三道力量渐渐合拢，逼得日军大部向淞沪以东溃退，来不及撤出的军队被悉数歼灭。倪兔儿在火拼中砍死十多个日本兵，自己最终也因伤重而倒下。他临死前把欠条交给了张治中，拼尽力气笑着说："我妹妹说，要是我拿了这张借条，她就不认我这个哥哥，现在我能去找她了！"

张治中奉命撤离庙行的时候正是黄昏，再次驻足战斗过的地方，曾经奋战厮杀、尸横遍野的战场已经清理干净，还原成最朴实无华的原野。那些为战斗而流的鲜血却渗入坚实的大地，壮了山河，美了斜阳。

第四辑

人间真情

蜂舞幕阜山

周子骏在一家保健品公司采购部工作,最近公司开发出一款对外出口的高档蜂王浆,所用原料必须是纯正的柃蜜。柃木花又叫野桂花,只有幕阜山一带才有,每年隆冬时节开放,花蜜尤为难得。周子骏跟公司签了军令状,确保蜜源充足。他联系到崇阳县金塘镇的一家养蜂场后,与场长罗满仓达成了初步协议。他这次就是去考察签约,亲自监督收购。

金塘镇群山环抱,养蜂场就在海拔千米以上的深山老林里。这一段路不通客车,周子骏走了几里就吃不消了。眼看天要黑了,正在犯难的时候后面来了一辆农用三轮车。周子骏急忙拦住了,开车的是个四五十岁的当地人,朴实却不失精明,狡黠地看着周子骏。周子骏急忙说:"大叔,我要进山,你捎我一程吧,我按出租车价钱给你!"

"上来吧!"当地人一听这话,爽快地说。周子骏连声道谢,急忙爬上副驾驶座。两人一路攀谈,周子骏得知这人叫杨大来,也是在山上养蜂的。杨大来一听说周子骏要到罗家蜂厂考察蜜源,一踩刹车停了下来,气得脸上变了色:"你下车,我不拉你了!"周子骏愣住了,不知自己哪里说错了话。

"大叔,你是嫌钱少吗?我可以再加点。"周子骏说着就掏钱夹,被杨大来一把拦住了:“我能是这意思吗?你把我杨大来当成罗满仓那个‘老毒蜂了’!”周子骏一听他话里有话,就问怎么回事,为什么要称罗满仓为“老毒蜂”。“这可不是我一个人叫的,罗满仓事做得绝,不留情面,他自己把乡亲们都得罪了,才得了这个外号。”杨大来冷笑着说。周子骏吃了一惊,追问怎么回事。

杨大来说罗满仓年轻时就是跟着他父亲学的养蜂,论起来是他师弟。罗满仓是个无父无母的孤儿,要不是杨大来一家人照管,不冻死也饿死了。谁知这家伙是个白眼狼,师傅死后,他就甩开杨大来单干。罗满仓有个绝活,能用独特的法子招引野蜂,驯养为己用,但这么一来,附近蜂农的蜜蜂也被他收编不少,罗家蜂场就是这么起家的。不但如此,罗满仓还排挤其他蜂农,想吃独食。前不久有个收购商来收蜜,罗满仓就暗中使了手段,给那个业务员回扣,把杨大来和一些散户的生意都抢了去。

“姓罗的舌头上能开出莲花来,心肠却比蝎子还毒。他倒是大把挣钱了,我和乡亲们还有活路吗?”杨大来义愤填膺地说,“你和这样的人合作,给多少钱我都不拉你,我可不想让乡亲们戳脊梁骨!”周子骏一听心里凉了半截,罗满仓居然是这样的人品,柃蜜质量还能有保障吗?可是罗家蜂厂是本地最大的蜂厂,如果不和他签,公司出口的订单怎么完成?

周子骏好话说了一箩筐,杨大来才把他捎到自家蜂厂路口,剩下的路再也不肯去了。现在已经是11月中旬了,山里昼夜温差大,风像冰刀子一样刮过来。周子骏冷得不住哆嗦,估计走不到目的地就冻僵了。这时蜂厂的大门开了,一个穿着羽绒服的年轻人走出来,问清情况后,提出让周子骏先住一晚,明天一早他送周子骏过去。

周子骏连声道谢,杨大来哼了一声,说:“你当他好心送你?人家是心里有惦记,巴不得找机会献殷勤哩!”年轻人尴尬地笑笑,周子骏充满疑惑,却不好打听。后来才知道这年轻人叫杨彬,是杨大来的独生子,平时在镇上的科技站上班,周末才到蜂厂帮忙。杨彬喜欢罗满仓的女儿罗小佳,但罗满仓不大待见他。罗满仓声称要娶他女儿,一定得做出一番事业才行。

当晚周子骏就在这里住下,半夜听到外面有摩托车回来的声音,接着就传来争吵声。周子骏开灯一看,是杨大来父子,隐约听到"昧良心""上门女婿"等话语,估计是杨彬溜出去和罗小佳约会了。周子骏不好过问人家的家事,就关灯继续睡了。

第二天天气晴朗,气温回升了很多。蜂厂外远远近近的山坡上开满了柃木花,在金灿灿的阳光下几乎流下蜜来。杨大来正在开箱放蜂,成群的蜜蜂像是一架架小直升机一样,嗡嗡着飞向柃木花丛。"别看我的蜂只有姓罗的一半多,可我这都是中华蜂,耐寒,冬天照样出来采蜜。"杨大来自豪地说:"姓罗的蜂场里有一半是意蜂,天一冷就只能窝着睡觉了!"

周子骏听出了他的意思,微笑说:"杨大叔,只要是纯度高的好蜜,我们都收。你放心,我会考虑这件事的。"杨大来脸红起来,说:"你找那姓罗的吧,我有蜜还愁卖不出去?"周子骏笑笑,杨彬已经收拾好了摩托车,两人赶去了罗家蜂场。

周子骏和杨彬来到罗家蜂场时,正赶上一片混乱。几个养蜂工人挨个检查蜂箱,一排排打开的蜂箱里满满都是死蜂,偶尔有侥幸未死的,也在空中嗡嗡盘旋,不肯回到蜂箱。罗满仓黑着脸,心疼得眼泪都快流下来了。周子骏暗暗惊疑,杨彬拉住罗小佳问怎么回事。罗小佳红着眼睛说:"不知道怎么回事,昨天还好好的。就过了一个晚上,中华蜂几乎死了一半。""会不会是暴发了急性传染病?"杨彬捏起一只死蜂,说:"这样吧,我带回去检验一下,看能不能找到病源。"

"不用检验了,这些蜂没生病,是中毒了!"罗满仓话音一落,众人面面相觑。蜜蜂自给自足,靠自己酿的蜂蜜为食,山上的柃木花又是生态环保的,怎么会中毒呢?周子骏提出疑问,罗满仓看他一眼,说:"周主管,树大招风,怕是我和你签约的事遭人妒忌了!”“你是说有人投毒?”周子骏吃了一惊,罗满仓点了点头。

罗家蜂场分两个区,北区是意蜂,负责春、夏、秋三季采蜜,现在正猫着过冬,不再出来了。南区是中华蜂,担负着整个冬季采酿柃蜜的重任。这次蜜蜂大规模死亡发生在南区,整个北区的意蜂却安然无恙。罗满仓由此推断是有人故意投毒,就是为了让他这一季的柃蜜抓瞎。

“罗叔,你知道是什么人干的吗?”杨彬问。罗满仓沉重地摇了摇头,说:“上回的事,我得罪的人太多了。你爸都跟我翻脸,其他人就更不用说了,指不定是哪个来找我的晦气。只是不该拿蜜蜂撒气啊,这大小都是条命!”周子骏一时无语,罗满仓贪小利失大利,这下损失惨重了。

罗满仓报了警,派出所来取证调查后,蜂场才开始清理蜂箱,掩埋死蜂。大屠杀带给蜂群的惊扰非同一般,有些蜜蜂飞出去就再没回来。周子骏结合现实情况,建议让罗满仓和杨大来两家蜂场一起供货,每家供应合同书上一半的柃蜜。罗满仓有些意外,脱口而出:“杨大来的蜜也能用?他可是有名的‘杨大癞’,蜂蜜质量有问题呀!你们不是一再强调要纯柃蜜,做成营养品要出口的吗?”

“爸!”罗小佳见父亲当着杨彬的面喊出杨大来的绰号,情急地叫了一声。杨彬并不在意,笑笑说:“罗叔,人家周主管是要严格验收的。我爸也是一时糊涂,以后不会了。”周子骏问怎么回事。杨彬有点不好意思,说他家蜂场养的都是中华蜂。中华蜂虽然耐寒,但采蜜量小,其他三季的蜂蜜产量就上不去了。上次有人来收购蜂蜜,杨大来“创新发明”,用白糖熬制了糖汁子掺到蜂蜜里。蜂蜜本来就是甜的,掺了白糖汁子根本检验不出来,一时引得很多散户效仿。罗满仓是眼里揉不得沙子的人,站出来揭发他们才刹住了这股掺假风。

周子骏这才知道谁是舌头上能长出莲花的人,意外地说:“原来是这么回事。杨场长说罗场长给了收购商回扣,才垄断了大家的生意。”“他说啥?”罗满仓一听眼睛瞪得老大,差点气晕过去:“‘杨大癞’的毛病一点都没改啊,说谎话眼睛都不眨,自己一身脏还诬陷别人,老不死的!”

杨彬面色尴尬,但正和罗小佳谈恋爱,又不敢得罪他,只好讪讪笑着不说话。周子骏考虑一下,问杨彬能否保证杨家蜂场的柃蜜质量。杨彬郑重地说:“请放心,如果和贵公司合作,我一定会协助我爸,亲自监督摇蜜的环节,质量不会有问题的。”

对于周子骏提出两家供货的方案,罗满仓因为中华蜂受损,只好答应。哪知杨大来见局势扭转,居然端起了架子,说:“周主管,我的名字是不能和那个忘恩负义的小人写在一起的。你要是和我合作,就只能和我签合约,甲方是你,乙方只能有我一个人的名字。”周子骏一听为难了,说:“可是你的中华蜂规模不够,怎么能承担全部的供货量?”

杨大来眨巴着狡黠的眼睛,说:“我只是说乙方就我一个人的名字,没说不让你收他的柃蜜。姓罗的可以把蜜交售给我嘛,我再统一交给你不就行了?”周子骏也没想到,杨大来还有这样的经商头脑,只是罗满仓能愿意吗?一旦签约,乙方就是永久供货商。杨大来现在无法独立供货,不得不收罗满仓的蜜,但等他扩大规模以后呢?

事情果然不出周子骏的意料,罗满仓一听杨大来的要求,气得连心口疼的老毛病都犯了。周子骏把他们集中到一块开会研究,两人都不退让,一时陷入僵局。杨大来笑笑说:“这人哪,啥时候都不能忘本。戏本上写的一条蛇、一只狐狸还知道报恩呢,人要是忘了本,那可就连畜生都不如了!”连周子骏都听得出杨大来的话外之音。他旧事重提,意思是说杨家待罗满仓不薄,现在是他报恩的时候了。

罗满仓被这话噎得面红耳赤,半天才说:“你乙方就乙方!杨大来,师父待我的恩情,我就是变个王八给他老人家驮碑,也是应该的。至于你这位师兄,这次把乙方让给你,咱们以后互不相欠了!”罗满仓说完扭头就走,杨大来如愿以偿地和周子骏签了合同。

此后的工作开展得还算顺利,一连多日天气晴朗,两家蜂场几百万只中华蜂不停地采蜜酿蜜。杨彬显露出非同一般的能力,每天下班后就一心扑在蜂场里,除了严把柃蜜的质量关,还集中起几家散户的蜜蜂,有力地保障了柃蜜的货源和质量。看着产量每天增加,周子骏放心了。哪知好景不长,杨大来和罗满仓这对老冤家又干上了。

罗满仓到杨大来的蜂场交蜜,已经是低声下气了。偏偏杨大来好不容易逮着机会能嘚瑟了,就开始对罗满仓的柃蜜挑挑拣拣,说:“提前摇蜜了吧?这一看就不够两天,算二等蜜吧!”蜜蜂酿出蜜后,一般要两天后才能排出露水,炼出纯蜜。提前摇蜜的话,重量上去了,纯度就达不到了。罗满仓的柃蜜都是满两天才摇出来的,见杨大来找茬压他的价格,当时就火大了。

“我一等蜜不卖,来你这交二等的,我吃饱撑的!”罗满仓有恃无恐,扭头就要把柃蜜拉回去。虽然杨彬发展了不少散户,但他一家就扛起了半边天。只要他不把蜜交售给杨家蜂场,杨大来根本就完不成合同上的任务。到时候别说挣大钱,还得赔偿违约金。“爸,你就别添乱了!”杨彬急得跺脚,急忙向罗满仓道歉。

杨大来以为儿子是为了罗小佳,张口就说:“儿子,你别怕他。他不同意,小佳自个儿愿意呀!他一个当爸的,总不能让你们一直半夜偷偷往野地里跑吧?”罗满仓听了勃然大怒,一张老脸涨得通红,扭头就给了罗小佳一巴掌。罗小佳又羞又气,哇的一声哭着跑了,杨彬急忙追上去。

杨大来话一出口就意识到过火了,想道歉面子上又磨不开,就打算走人。哪知刚扭过身,罗满仓就一脚踹了过来。杨大来栽了个狗啃地,脑袋撞到电子磅上,居然流血了。杨大来顿时恼羞成怒,爬起来就和罗满仓厮打在一起。周子骏惊愕地张大嘴,眼睁睁地看着一场交售会演变成了流血事件。

罗满仓在扭打中崴了脚脖子，造成骨膜损伤，躺在医院输液。杨大来头上的伤虽然不重，却造成了脑震荡，被缠得严严实实，像是刚从前线下来的伤员一样。他声称脑震荡很可能会留下后遗症，要和罗满仓打官司。出人意料的是没等他去告罗满仓，派出所就主动找到杨家蜂场来了。

罗家蜂场投毒一案，办案民警在蜂场外围调查取证时，发现了一个脱落的摩托车挡泥板，为了避免打草惊蛇，当时并未声张，通过这一段的暗中调查，证实了配件和杨彬的摩托车完全吻合。杨彬成了重要嫌疑人。当晚杨彬去罗家蜂厂是和罗小佳约会，还是去投毒，罗小佳的证词就尤为重要。

罗小佳感到非常震惊，但还是说了实话，当晚她并没见到杨彬。办案民警问杨彬当晚在哪里，杨彬却支吾着不肯说。“你们别难为我儿子了，他还在追罗满仓家的闺女呢，打死也不会干这事。是我怕农用三轮车动静大，骑着儿子的摩托车去的。”杨大来平静地说：“我回来时儿子知道了，为这还吵了起来。这事周主管也知道，当时他屋里的灯亮了一下，应该是醒了。”

周子骏惊讶地点头，他一直以为是杨彬偷偷出去约会挨了骂，没想到是杨大来趁夜投毒去了。“你的作案动机是什么？”办案民警问。杨大来哼了一声，说：“还啥动机？他能坏我的生意，我就不能抢他的合同吗？”周子骏一听暗暗懊悔，他太大意了，随便一句话就让罗满仓蒙受了那么大的损失。杨大来用的投毒工具就是农用喷雾器，他把剩下的农药一起交了出来。

杨大来被办案民警带走了，杨彬愣了很久都没回过神来。罗小佳却长叹了一口气，要是杨彬投的毒，一准能把她爸气死，他们怕是永远也没机会在一起了。周子骏觉得愧对罗满仓，就到医院看望他。罗满仓半天才叹了一口气，说：“这不怪你，我和杨大来的恩怨，也不是一天两天的事了。”

罗满仓说杨大来年轻时就怕出力怕吃苦，专想歪门邪道。家里的养蜂场，都是自己跟着师傅苦熬苦干出来的。结果师傅一死，杨大来用二十箱劣等蜂就把他打发了。罗满仓气不过，又看不惯他的为人，两人就绝交了，只是没料到这次他居然做出这种事来。

周子骏大感意外，杨大来颠倒黑白，说罗满仓甩开他单干，居然是这么个“甩法”。两人正在感慨，忽然杨彬急急忙忙闯进来，张口就说：“罗叔，是我们对不起你，可你要以大局为重，不能搞打击报复啊！”

罗满仓一听这话，生气地说：“你这熊孩子，我躺这都不能动弹了，怎么打击报复你们了？”周子骏意识到又出大乱子了，急忙说：“你慢慢说，到底怎么回事。”这么冷的天，杨彬急出一头汗来，一五一十说了一遍。今天早上蜂场照例开箱放蜂，这些蜜蜂像是早就等急了一样，迫不及待地飞出去了。杨彬以为蜂群兴奋是因为处在柃木花的盛花期，哪知傍晚时只有三分之一的蜂群飞了回来，其他的全部集体大逃亡了。

“那些蜂群飞到哪去了？”周子骏吃惊地问。杨彬看了罗满仓一眼，却不敢再造次，委屈地说：“这就得问罗叔了，全金塘镇能驯蜂的只有他一个人，我看这些蜂群也是被他收编了。”罗满仓欠欠身子，说：“我会驯蜂不假，但驯养的都是野蜂。早些年有家蜂被引来的，我都如数还给人家了。再说我人在医院，遥控驯蜂的本事可没有。你要不放心，就去罗家蜂场看看，几十万只蜂，我不能都捂被窝里藏起来吧？”杨彬一听也有道理，可是这些失踪的蜂群到底去哪里了？

“爸，蜂场出事了！”罗小佳气喘吁吁地赶来，一见杨彬也在这里，急忙说：“我们蜂场的蜜蜂像是发疯了一样，大晚上钻出蜂箱，不住地转圈翻跟头。你快回去吧，看看你们蜂场怎么样了！”罗满仓一听自家的蜂场也出问题了，脸色顿时变了，说：“不好，看这症状像是遇见死人蜂了！”周子骏从没听过蜜蜂里还有死人蜂这个种类，诧异地问：“蜜蜂死了还能飞吗？”

罗满仓说死人蜂是一种快要死亡的病蜂，疾病传播很快，只要有几只死人蜂，就能感染整个蜂群。被感染的蜜蜂异常兴奋，会不顾一切地飞出去，大部分就回不来了。他年轻时跟着师傅养蜂，就遇到过一次这样的情况，当时几十箱蜜蜂几乎飞空了,损失惨重。

“我以前看过资料,美国西雅图的一家养蜂场也有类似情况发生,被称为僵尸蜜蜂。他们的科学家在病蜂身上植入了微型跟踪器,发现蜜蜂大片地死在偏僻的地方,导致它们神经错乱的是一种寄生蝇。”杨彬脸色灰白,说,“这种病只能防治,暴发后就很难遏制了。是我太大意了,这下全完了!”

罗满仓躺不住了,要立刻回蜂场去。罗小佳着急地说:“爸,你的脚还没好呢,怎么能回去啊?”“这都什么时候了,还能顾上脚?”罗满仓忙着穿外套,被杨彬拦住了:“罗叔,你好好休息,要不我去看守所问问我爸,看他有什么法子。”“别扯犊子了,赶紧给我穿衣服!你爸除了往蜂蜜里兑糖汁子,还能有啥法子?”罗满仓急躁地骂,一定要立刻出院回蜂场。

周子骏一颗心沉入谷底,现在的柃蜜量距离收购计划还差一部分,罗满仓能力挽狂澜吗?

罗满仓连夜回到了蜂场,遭遇投毒后又赶上这次重创,蜂场显得异常萧条。幸好北区过冬的意蜂没有被感染,安然无恙地保存了下来,罗满仓拧成一团的眉头才稍稍舒展。杨彬很快带来了新的情况,杨家蜂场幸存的中华蜂不足三分之一,其他散户也蒙受了不同程度的损失。罗满仓打起精神,立刻吩咐打开全部幸存的蜂箱。罗小佳和杨彬交换一下眼神,怀疑罗满仓急出毛病来了。

“罗场长,幸存的蜜蜂本来就不多,现在打开的话,全部飞走可怎么办?”周子骏不同意:“我们可是签了合约的,柃蜜还没交够数量。”“罗叔,你看在我爷爷的份上,这次可不能不管啊!”杨彬不住擦汗,杨家蜂场是合同乙方,承担着全部责任,罗满仓完全可以置身事外。

“你这点可真随你爸,动不动就把你爷爷搬出来。”罗满仓不耐烦地说,“只有被感染的蜜蜂才会在晚上飞出去,现在打开蜂箱,病蜂飞走,剩下的就是健康的蜂群了。”大家豁然大悟,这次明白过来。罗满仓让罗小佳去库房拿人参须和食母生，熬上一大锅水，晾温了加上蜂胶，用浅碟子盛了放在蜂箱里。蜜蜂喝了能提高抗病能力，以免被再次感染。

罗满仓把剩下的人参须和食母生交给杨彬，让他留下一部分，剩下的分给几家散户，又吩咐他连夜准备干桑柴和秸秆，越多越好，天亮后他有重要用处。杨彬现在对他唯命是从，匆匆赶去安排了。

第二天一早，太阳洒下温暖的光辉，幸存的蜂群又嗡嗡着飞出去采蜜了。罗满仓这时让人分堆点燃干桑柴和秸秆，带着药味的烟气熏蒸着整个蜂场，残存的病毒被彻底扫净了。大家到这时才松了一口气，遗憾的是中华蜂大量受损，剩下的不足半数。要在柃木花花期结束前完成合同，除非天降奇兵了。

“我希望你们能完成合约，我不愿和你们打违约官司，也不是怕我个人丢了工作。”周子骏诚恳地说，“这些天我看到了你们的辛苦，知道养蜂不易。如果我们公司的产品能在国外打开市场，柃蜜的价格就会翻倍上涨。我们还可以加大收购量，蜂农的生活会越过越好的。”罗满仓听了不禁动容，抬头远眺，苍茫绵延的幕阜山天寒地冻，只有柃木花散发出幽幽寒香。

“我是吃百家饭长大的，起家时驯养的野蜂也是幕阜山给的，现在是我回报的时候了。”罗满仓终于下了决心，决定让猫着过冬的意蜂出来，帮助中华蜂采柃蜜。周子骏松了一口气，说：“原来意蜂也可以采柃蜜的啊，那就再好不过了。”奇怪的是大家都沉默不语，杨彬尤其震撼，感动与惭愧纠结在一起，几乎流下泪来。周子骏问怎么回事，罗小佳红了眼睛，说：“意蜂受不住严寒，采完蜜后不久就会死亡。过完这个柃木花季，我们家的蜂场就没有蜂了！”

意蜂是意大利巨型蜂的简称，骁勇善战，盛花期为主人忠心耿耿采蜜酿蜜，花粉匮乏时就去偷袭中华蜂的蜂巢。中华蜂体型小，就算重兵把守也抵挡不住，只能眼睁睁看着它们把自己酿的蜜源源不断地搬走。罗满仓引进的意蜂为他招了不少骂名,后来花期一过,罗满仓就不再放它们飞出去,用白砂糖和蜂胶熬水喂它们。现在罗满仓打开蜂箱让它们飞出来,意蜂们得到了报效的机会,斗志昂扬地嗡嗡升空,奔赴四面八方的柃木林。

罗满仓神情严肃,看着自己的百万意蜂像是空中军团一般来回往返,忙碌不停。当天傍晚,就有不少意蜂不行了,死在蜂箱边。周子骏提议:“可不可以在太阳落山前招回蜂群?这样温度不是最低,也许能减少死亡的意蜂数量。”罗满仓摇摇头,说:“柃木花香气甜呀,这些意蜂一闻见就抵抗不住诱惑了,不到飞不动了是不会停的。”

事实正如罗满仓所说,一连持续好几天,柃蜜的产量上去了,但每天都有大批的意蜂死亡。合约快完成时,罗满仓的意蜂已经所剩无几了。罗满仓一天说不上几句话,每天瘸着腿收集死蜂,亲自埋葬它们。罗小佳几次忍不住掉泪,哽噎着说:“这些蜂是我爸的孩子,我爸心里该多煎熬啊!”验收结束的那天,罗满仓站在一排排空荡荡的蜂箱中间,终于一头栽倒了。

罗满仓在医院醒来时,周子骏、杨彬和罗小佳都守在跟前。“罗叔,我对不起你,我……”杨彬欲言又止,被罗满仓果断拦住了话头:“有啥对不起的,我和你爸都老了,你有心干事业是好事。只要以后记着别走邪路,就比什么都强。”杨彬红着眼睛连连点头,说:“罗叔,你放心。这次和周主管合作卖的柃蜜钱,我一分也不动,全部投资在你的蜂场里。明年我们扩大规模,养更多的蜂!”

罗满仓呵呵笑了,说:“那你爸还不得气死啊!”“你有雅量不起诉我,我还能为这点钱生气?”杨大来这时从门口进来,笑呵呵地说。杨大来在拘留所已经得知了罗满仓不计前嫌,用自己的意蜂帮助杨家蜂厂渡过难关的事,今天一出来就赶到医院看他来了。两个斗了一辈子的老人终于能心平气和地说话了,杨彬和罗小佳尤为高兴。

为了让他们单独叙叙旧,周子骏三人出了病房,打算找个地方坐坐。出了医院门口,周子骏发现手机落在了病房里,就跑回去拿。刚到病房门口,周子骏就听到罗满仓和杨大来的对话。罗满仓说:“老哥啊,你为孩子顶罪受委屈了。我看杨彬有心做正事,就没拆穿你们,但以后可不能这么干了啊!”周子骏吃了一惊,投毒的竟然是杨彬?

杨大来惭愧承认了,说杨彬意识到这次签约交售机会难得,就说一定要抓住机会做一番事业,让罗满仓刮目相看。为了抢到合同,一时糊涂才做错了事。“我也不对,骂完儿子还是留了私心,配合着当了乙方。”杨大来说完又感到好奇,问:“可是你咋知道的?”

“你养一辈子蜂了,对人咋样不好说,对蜂肯定下不了这个手啊!再说你学骑摩托车我都看见了,摔沟里一回就不敢再学了,你怎么能骑摩托车到我的蜂场?”罗满仓说完还不忘挤对他:“你那么扛摔,怎么我推一下就脑震荡了?”杨大来一听不干了,笑骂着还嘴:“不服气,等你出院了咱们再打一架,看不把你老腿打折了!”

周子骏没拿手机,悄悄地退了出来。这时天空中飘起了雪花,幕阜山很快就会被封在冰雪之下。但这并没有关系,暂时的大雪封山更能滋养万物,明年春天又是蜂飞蝶闹的季节了。

半夜蛙声

老张住在田园牧歌小区，小区里种着花苗和果树，还有一口小池塘。一到晚上凉风习习，蛙声一片，颇有几分“稻花香里说丰年”的意境。老张以前也挺喜欢这个调调，现在却一听到蛙声就头疼。小池塘正对着他家窗户，儿子张亮马上就要高考，蛙声已经严重影响到儿子休息了。老张左想右想，只能让青蛙先挪挪窝，总不能让这些四条腿的东西影响孩子高考吧？

老张拿上尼龙袋，趁着夜里没人悄悄下了楼。他从小在农村长大，摸青蛙那是行家，不大工夫就装了半尼龙袋。老张把半袋子青蛙锁进后备箱，第二天开车上班时拉到河边放生了。如此一来，小区里果然安静了许多，老张松了一口气。谁知道好景不长，没过几天池塘里又咕呱乱叫起来，叫声比先前还大呢！老张故技重施，这回摸上来的青蛙又肥又大，竟然是菜市场里卖的牛蛙。老张暗暗惊异，小池塘里怎么会出现牛蛙呢？

“我说你这人缺德不缺德？想吃青蛙就去买，小池塘的青蛙是大家的，你怎么能来这摸呢？”冷不防身后传来一个女人说话的声音，老张吓了一跳，回头一看居然是顾晓云。顾晓云刚搬到这里不久，就住在老张家楼上。她整天板着脸独来独往，从不和大家来往，也不参加小区里的任何活动。这次居然站出来维护大家的利益,倒真让老张意外了。“你误会了,我儿子马上就要高考了,我怕蛙声影响孩子休息才摸的。”老张急忙解释,“再说那些青蛙我们也没吃,都放生了。”

顾晓云听了没有一点谅解的意思,反而说:“青蛙叫几声就影响高考了? 你家孩子养得这么娇贵!”老张尴尬地笑笑:“这不马上高考了嘛,哪家不跟供小祖宗似的?”“你家小祖宗怎么供是你的事,可是不能损害大家的利益。”顾晓云毫不留情地说,“我搬到这就是冲着环境来的,你把青蛙都摸光了,我们怎么听蛙鸣?”老张一口气顶在胸口,顾晓云的话虽然不近人情,却也在理上,让人挑不出错来。

“那就算你帮帮忙,迁就迁就我们,等高考结束我再摸些大个的带回来,让它们好好叫给你听!”为了孩子,老张低声下气地赔着笑脸说。顾晓云却不为所动:“这事没得商量,实话告诉你,这些青蛙就是我在菜市场买来的。你要敢再捉,我就到物业公司投诉你!”老张第一次见到这么自私、不近人情的女人,赌气地将捉来的牛蛙都倒进小池塘里,头也不回地上了楼。

老张当然不会就此罢休,此后又偷偷去摸过几次。顾晓云却故意和他作对似的,虽然没有投诉他,却在暗中较劲:老张把小池塘的青蛙摸走多少,她就从菜市场买回多少放进去。那些牛蛙个头大,叫声更加响亮,张亮用被子蒙着头也难以入睡。看着儿子辗转难眠的样子,老张心一横,穿起衣服就下楼了。这一晚,小区里出奇的安静,连一声蛙鸣都听不到了。

第二天一早,老张一下楼就看见小池塘那里围满了居民,物业公司正在配合派出所的民警调查。老张走近一看,水面上白花花的一片,都是肚皮朝上的死青蛙,心里不由得哆嗦了一下。“初步断定,这是一起人为投毒事件。水里含有大量剧毒农药残留,两个月内不适宜再养殖鱼蛙等水产生物了。”民警一边做记录,一边说。顾晓云一听两个月都不能养青蛙了,脸色顿时一变,指着老张愤怒地说:“肯定是他干的,他儿子要高考了,嫌蛙声影响休息,就毒死了所有青蛙!”

所有人的目光一齐对准了老张,民警询问他顾晓云说的是否属实。老张承认了,不管要接受什么惩罚,他的目的都已经达到:小池塘两个月内不能再养青蛙,儿子高考前的睡眠就有了保障。“老张,知道你家孩子要高考,可是也不能投毒啊!”“就是,青蛙叫几声至于影响高考吗?小区里孩子、宠物那么多,你就不怕毒着别人?”大家议论纷纷,指责老张做得过分。

“爸,爸!”张亮从窗口看到后急忙往下跑,下楼梯时一个踉跄差点摔倒,结果崴伤了脚腕。“你慌啥?伤了脚不更影响学习吗?”老张急忙喊。顾晓云哼了一声:“为了自己的利益可以不择手段,有你这么言传身教,孩子上了大学也学不好!”老张面红耳赤,张亮急忙解释他以前得过抑郁症,好了以后一直神经衰弱。他怕看到别人异样的眼光,老张就对外隐瞒了他的病情。

“最近我的神经衰弱越来越严重了,有一点点动静就无法入睡,我爸是为了我才出此下策的。警察叔叔,你们能不能别抓他?”张亮说着眼泪直淌下来,大家非常意外,顾晓云也沉默了。然而投毒已经触犯了法律,办案民警表示会反映这个情况,酌情从轻处理,老张还是上了警车。

老张被拘留了半个月,出来时张亮崴伤的脚已经好得差不多了。得知这半个月顾晓云天天下楼给张亮送饭,老张心里一时五味杂陈,最后还是敲开门,当面向她道谢。顾晓云根本没打算让他进去,堵在门口说:“没什么谢不谢的,要不是我一次一次买牛蛙放进去,你也不会下狠心投毒,这事我也有责任。你好好照顾张亮,准备应考吧!”老张还想说什么,顾晓云砰的一声关上了门。

这件事之后,顾晓云依旧步履匆匆,沉默不语,只是显得更加忧郁了。张亮睡眠得到了保障,精神渐渐好起来,全力以赴投入了学习。时间一晃而过,高考轰轰烈烈地来了,张亮以648分的好成绩被一所实力很强的大学录取了。老张笑得嘴都合不拢了,楼上楼下挨着门发喜糖,发到顾晓云家时更是多抓了两大把。顾晓云依旧堵在门口,接了喜糖也不道谢,转身就把门关上了。老张暗暗纳闷,这个女人真是太奇怪了。

这天老张正在做饭,张亮从外面火急火燎地回来了,手里拿着一张报纸:“爸,爸!你快看这个!”老张探头看一眼,上面写着“高考状元勇救溺水男子成植物人,录取校方为其保留入学资格”的报道,时间却是去年的8月份。“这个报道去年看过了,也不知道那孩子醒了没有。”老张一边炒菜一边说,心情也沉重起来。张亮急切地说:“去年的高考状元叫白杨,他就是楼上顾阿姨的儿子!”老张一愣,放下锅铲就急匆匆上楼了。

老张敲开顾晓云家的门,不顾她的阻拦硬挤了进去,果然在靠窗的房间看到一个和张亮年纪差不多的大男孩。白杨浓密的睫毛合在一起,闭着眼安稳沉睡,枕边还放着一张去年的录取通知书,可是谁也不知道他什么时候能醒过来。顾晓云垂泪说:“都怪我不好,他考完试要和同学去水库玩,我就不该答应。有个钓鱼的滑进水库,他下去救人,结果……”

“孩子就没一点好转的迹象吗?”老张揪心地问,这种事搁在谁家不跟塌了天似的,怪不得顾晓云平时不言不笑的。顾晓云擦擦泪:“医生说让他多听听出事时周围的声音,模拟环境可以帮助唤醒他。我想水库青蛙多,找了好几个地方,最后带他搬到这来住了。前两个月白杨的手指动了一下,之后又没反应了……”老张一愣,怪不得顾晓云一次次买牛蛙往小池塘里放,她是为了唤醒儿子啊!那自己在小池塘投毒,不是耽误了人家儿子的恢复吗?

老张回家后坐不住了,在房间里不住转圈。张亮说:“爸,现在小池塘的水质应该可以养活青蛙了,我和你一起去摸青蛙,为白杨把青蛙再养起来!”老张皱着眉头说:“就算养起来也叫不了多久,等天一冷青蛙就该冬眠了,得想个长远的办法!”“有了!”张亮眼前一亮,“咱们把青蛙的叫声录下来,不就可以随时放给白杨听了吗?”老张一听,不由得眉开眼笑起来。

晚上,老张父子俩带着录音设备来到水库,找个草丛茂盛的地方趴下来。这样的地方蚊虫多,吸引来的青蛙也多,录下的蛙声才清晰响亮。虽然他们早有准备,穿了长衣和长裤保护自己,可是裸露的双手和脸颊上还是屡受攻击。为了避免录到杂音,老张和儿子任凭蚊虫叮咬,纹丝不动。

第二天一早,老张和张亮一起把刻好的光盘送了过去。顾晓云吃惊地看着他们,老张父子俩脸上被叮得大包小包,肿得很厉害。得知他们是为白杨录蛙声才被咬成这样,顾晓云感动得一时说不出话来。白杨依旧在沉沉入睡,张亮趴在一旁,故作轻快地说:"嗨,高考状元,你可得快点醒过来,我还等着你一起去大学报到呢!"

张亮把光盘放进白杨的电脑,房间里顿时回荡起青蛙们咕咕呱呱的叫声,那么响亮有力,似乎在用尽全力叫醒白杨。老张和顾晓云对望一眼,同时红了眼眶。

背篓里的石头

贵州毕节市区倒天河一带聚集了很多替人背货的苦力,被称为"背篓",田晓亮的父亲田家盛就是其中一个。田晓亮发现一个奇怪现象,他家院子角落里散落着一小堆石头,田家盛每天出门前,都要先拿一块石头放在背篓里,晚上再背回来。替人背货本来就非常辛苦,父亲为什么还要多背一块石头?

这天早晨田家盛出门背货,照例拿了一块石头放进背篓里。田晓亮忍不住提出疑问,田家盛笑笑说:"背块石头一出门背篓里就有货,有生意,取个好彩头!"父亲居然信这个,田晓亮有些好笑,见他走远了,拿出偷偷准备好的背篓。田晓亮的大学录取通知书已经下来了,学费却还差很多。田家盛为此早出晚归,却不肯让他跟去背货,嘱咐他在家安心看书。田晓亮决定秘密行动,能挣一点是一点。

田晓亮临出门时看了一眼那堆石头,他不相信这么愚昧的说法,轻装上阵背着空背篓就出发了。田晓亮来到了蔬菜批发市场,这里经常有饭店老板来采购原料,不少"背篓"都在等生意,一有人招呼就立刻围上去。田晓亮几次都没挤进去,眼睁睁看着别人背上货跟着雇主走了。一晃半天过去了,田晓亮还没接到一单活。最后有个老人买了一百多斤煤炭，要雇人背回家，老人开的价钱不高，“背篓”们没人肯去，田晓亮才接下了这单活。

一天下来，田晓亮只挣了不到三十块钱，赶在父亲回家前先回去了。田家盛回来时显得很高兴，居然还买了一点肉，说：“馋了吧？今天生意不错，给你打打牙祭。”田晓亮一问，田家盛居然挣了一百多块。此后几天，田晓亮每天都去背货，但最多的一天也就挣了五六十块，根本不能和父亲相比。田晓亮纳闷了，难道在背篓里放块石头真能起这么大作用？

第二天，田晓亮出门的时候犹豫再三，还是拿起一块石头放进了背篓里。出门刚走没多远，就有个陕西口音的中年女人叫住他：“娃子，去不去药材市场？”这也太灵验了！田晓亮目瞪口呆，连忙点头答应：“去，去！”陕西女人看了一眼他的背篓，一边走，一边和他说话：“你在背篓里放块石头干什么？”

田晓亮不好意思地回答：“我爸说背块石头一出门背篓里就有货，讨个好彩头，生意好呢！”陕西女人笑笑，说：“人要是憨厚踏实，生意想不好都难。”说完又问他多大了，怎么不上学来背货了等问题。田晓亮一一回答，陕西女人很受触动，真诚地说：“你们爷俩的生意差不了，一定能很快凑够学费。”

田晓亮跟着陕西女人来到药材市场，她选购了不少白芷、杜仲和天麻。其中天麻最多，都是品色上乘的优质药材，陕西女人结账时付了一万多元。“背得动吗？”陕西女人问，田晓亮点头，连忙背起药材，跟她往车站走。两人一路说着话，过天桥时人很多，田晓亮被行人挤到了前面，下了天桥一看，陕西女人居然不见了。

田晓亮吃了一惊，怕和她走岔了路，也不敢乱走动去找她，就在天桥这边等。他们是在这里走散的，陕西女人一定会来这里找他。哪知一直等到天黑，陕西女人也没有出现，田晓亮只好先把药材背回家。田家盛已经回来了,田晓亮见瞒不住,就把自己偷偷去背货的事说了。

“你背篓里的货是怎么回事?怎么还背回家里来了?”田家盛顾不上责备他,先问货物的事。田晓亮如实说了一遍,田家盛一下变了脸色,着急地问:“是走散的?”田晓亮点头,田家盛急得一跺脚,说:“怪我没跟你说清楚,你知道我为啥在背篓里放块石头吗?”“你不是说为了讨个好彩头吗?”田晓亮疑惑地问。“背块石头能有什么好彩头?”田家盛叹了口气,这才道出缘故。

两年前,田家盛在药材市场找活,有个倒卖药材的外地男人雇他背一包天麻到火车站。天麻是非常名贵的药材,那包货大概有五十斤,起码值六七千块钱。不料路上被人流一冲,两人走散了。田家盛到处找那个外地人,折腾了大半天两人才碰上。那人急忙检查货物,打开一看,田家盛傻了眼,包里的天麻居然变成了石头。外地人一口咬定是田家盛把货掉了包,让他赔钱,田家盛这才知道被算计了。

“这明摆着就是故意讹诈,你怎么不报警?”田晓亮吃一惊,他一直住校,居然不知道这件事。“碰上这种事,就是浑身是嘴也说不清,闹大了吃亏的还是我们。你一个‘背篓’敢昧下客人的货,名声一坏,谁还敢雇你?”田家盛的声音中透着无奈,说:“最后我赔了五千块钱,这事才算了结。我天天背着一块石头,就是提醒自己一定要当面验货,不能和雇主走散,看来你今天也是遇上这样的事了!”

“可是我一直在天桥等她,并没见她来找我。她不找我,怎么让我赔钱?”田晓亮说:“再说货是我看着装的,她还会乾坤大挪移不成?”田家盛一听,连忙帮着卸下背篓,打开口袋一看,里面果然是货真价实的药材。田家盛很意外,如果不是被讹诈,那就说明真的和雇主走散了。

田家盛和田晓亮面面相觑,一时都不说话。田晓亮率先打破沉默,迟疑地说:“爸,这包药材值一万块钱呢!”田家盛明白了他的意思,要是卖掉这包药材,田晓亮的学费就有着落了。田家盛皱眉不语,看得出他正在进行激烈的思想斗争。“这又不是偷的抢的，再说咱们也被人坑了五千块钱。我看是风水轮流转，该咱们走运了。”田晓亮说，极力为自己的行为找借口。

田家盛看他一眼，说：“要是咱们昧下货不去找失主，和偷的抢的有啥分别？”田晓亮一下说不出话来。田家盛又说：“一码归一码，不能因为人家讹了咱，咱就坑人家。一个女人家，丢了这么值钱的货不定怎么着急呢！要是心眼窄些，有啥想不开的，不是咱们的大罪过了吗？”田晓亮看着鬓角斑白的父亲，不由脸红起来。父亲挣钱那么辛苦，又被讹了五千块钱都还能守住原则，他却这么容易就贪财动心，还为自己找借口。

“既然是在天桥走散的，她一定还会去那里找你。走，我陪你去等着！”田家盛说着背起田晓亮的背篓，往门外走去，田晓亮连忙跟上去。夜幕降临，路灯一盏盏次第亮了起来。田晓亮父子俩在天桥边一直等到半夜，行人越来越少了，那个陕西女人却一直没有出现。田晓亮又饿又累，几次想说明天再来等，但一看见田家盛认真执拗的模样，就闭上了嘴。

又等了快一个小时，田晓亮困得都睁不开眼睛了，忽然看见那个陕西女人从天桥另一端走了过来。田晓亮一下兴奋起来，说：“是她，就是她！”田家盛紧走两步迎上去，说：“大妹子，你别急，货一点也没少！”陕西女人没有着急，甚至没有失而复得的惊喜，只是说了一句：“大哥，你咋这么实心眼呀？”

田家盛一愣，陕西女人说：“我知道他是你儿子，我在你家附近偷偷观察好几天了，今天是故意把货丢给你们的。”陕西女人说两年前那个外地人就是她男人，当时她生了一场大病，刚做完手术，家里欠了几万元的外债。她男人就借了钱来毕节贩卖药材，结果钱被人偷了，不甘心才用一包石头充当天麻，讹了田家盛五千块钱。她男人有了本钱，也许是转了运，很快就赚了不少钱，今年不但还清了所有欠债，还攒下了不少钱。

陕西女人说到这里眼眶红了，说：“就在半个月前，我男人出车祸断了一条腿。他自己唉声叹气说是报应，才对我说出讹你钱的这件事。我们两口子合计了，我这回就是替我男人专程来还债的。”田晓亮听得目瞪口呆，憨厚的田家盛说不上是意外还是感动，涨红了脸，说：“大妹子，当时我只出了五千块钱，你这包药材值一万呢！”“我们本来也打算买五千块钱的药材留给你们，但听这个大侄子说学费还差很多，我就临时改主意了。”陕西女人动情地说：“多出来的就算弥补我们的愧疚，你就收下吧！”

田晓亮转过头看着田家盛，田家盛说：“你们能再回来找我，说明你们还有良心，没让我对这世道失了盼头。多出来的我不能要，要是真有心，你就跟我回家里一趟，把那堆石头原价买回去吧！”陕西女人听了很感动，连连点头。田晓亮看着路灯下矮小的父亲，忽然觉得父亲是多么的高大。

三退松茸

王勇一瘸一拐地走下山岭，慢慢向镇上走去，刚才下山的时候，不小心摔了一跤，把脚给崴了。不过万幸的是，背篓里的松茸没伤着，不然，这大半夜的工夫可就白干了。

所谓靠山吃山，靠水吃水。王勇的家乡石溪镇就是西南边陲一个出产松茸的小镇，因此每到秋季，他就和其他村民一样在夜里打着手电上山采松茸，挣来一笔不菲的收入。不过今年被加入了镇里组织的松茸协会，眼看着收入却比去年少了不少。

王勇刚走上公路，听到后面汽车的喇叭声，连忙避开，没想到动作幅度大了一点，跌在了地上。只听吱的一声刹车声，一辆小车停在了他的面前，一个很有老总气势的人打开车门走了下来，惊叹地说："哇，很不错的松茸啊！"那人刚要搀扶王勇起来，王勇已经自己爬起来了，小心地把散落在地上的松茸捡回背篓里。

那人捡起一朵松茸仔细地看着，不断地发出赞叹。这些松茸个个肥硕可喜，伞盖还没打开，一看就是上等松茸。那人说："兄弟，你这些松茸不错，卖给我好吗？"

王勇小心地向周围看了看,没看见其他人,就点点头说:“好! 你看我这可都是一等品的货。你给120元一斤吧。”说话的当口,戴眼镜的司机也下来了,对王勇背篓里的松茸估算了一下重量,递过来一叠百元大钞。王勇一数,他们给的比较多,不由得很是感激,说:“你们拿回家用冰袋降温,一般只可保鲜三天。吃不完的,可得晒干……”那人点点头,看王勇崴了脚,就说把他捎到镇上去。

这时,一辆宝马车呼啸着在他们面前停了下来,坐在副驾驶的一个戴墨镜的大汉跳了下来,对王勇冷笑道:“王勇,你小子胆子不小,敢避开协会私自销售松茸? 你乖乖地将松茸拿到公司来交货,不然,有你好果子吃!”

王勇捏着钞票的手禁不住抖了一下,刚要解释,那戴墨镜的大汉又转头对那两人说:“哪里来的夜神野鬼? 竟敢私下交易购买松茸? 趁早滚出石溪镇!”说完,拉开宝马车门,车子绝尘而去。

戴眼镜的司机脸涨得通红,说:“李……”

那人摆摆手,问王勇:“这是谁啊,这么霸道?”

王勇把那叠还没揣进荷包的钱递了过去:“坐在后面的,就是镇上松茸协会的邵经理。我不敢卖给你们了,把松茸还我吧……”王勇心里很憋屈,不知道今天撞什么鬼了,摔两跤不说,刚要私下卖了松茸多挣一点钱,没想到就被邵经理发现了。

那个姓李的老总没多说什么:“好的。兄弟,我还是把你捎到镇上去。”

王勇回到家里,用药酒擦了擦崴伤的脚脖子,疼痛感好了很多。眼看着下午上班时间到了,他把拾掇好的松茸带上,到镇上的松茸协会交货。

卖松茸的老乡排成了长龙,好容易才轮到王勇过秤。那戴墨镜的大汉看了看,说:“王勇,今天早上好像不止这点货吧?”王勇一听,觉得腋下汗水直滴,诺诺地说:“大哥,全部都在这里……”

戴墨镜的大汉哼了一声:“量你小子也不敢乱来! 算二等吧,50块一斤。”王勇刚要说话，就听旁边有人说：“这种成色的松茸，按照国家标准就是一等品，你怎么给老乡算二等？”王勇扭头一看，早上遇见的李总和他的司机站在身边。

戴墨镜的大汉狐疑地看李总两眼，问：“哦，还没滚出石溪镇啊？”王勇唯恐起了争端，和稀泥地说：“二等就二等吧，过秤，过秤！”大汉吩咐过秤，蛮横地说了一句：“别拿国家标准说事。在石溪镇，我们邵经理的话就是标准！”司机一听这话，就气愤地想要站出来说话。李总使个眼色，制止了他。

算账交钱后，王勇拿到钱后连忙离开了。他在协会外面的一个墙角处等了不久，看着李总二人出来，连忙迎了过去。司机手里拎着一个大口袋，里面装着满满一袋松茸。王勇说：“你们……”

李总说：“这就是你刚才交给协会的松茸。现在他们转手卖给我。一等品，120元一斤！”

王勇急得直摆手：“这……这松茸你们不能要。你们买贵了，退回去吧！”

李总“哦”了一声，说：“可是，早上你也是按照一等品给我们算价的啊。难道，你们不明白是协会在故意压你们的价格吗？”

王勇叹了一口气，说：“一言难尽。反正，你想在石溪镇插手松茸的采购是不可能的。我看你是好人，才告诉你，这些松茸已经不是早上那样的质量了。”王勇说着，拿出一个用透明环保袋单独包着的松茸，撕开了环保袋，取出了那朵松茸，掰开一看，只见菌盖和菌柱居然是分开后又插上的，里面塞满了牙签，明显是为了增重。这样两端都没有创面，一点都看不出问题。

司机盯着王勇说：“你们……怎么能这样？”

王勇苦笑一声：“松茸一年就这两三个月才有，我们都指望这个挣点钱呢！不这样，累死了钱还不是进了别人的腰包？”

李总抬头看看阴沉沉的天空，对司机说：“走，我们去镇政府！你先给镇长石归田打个电话！兄弟，你也和我一起去。”

李总的车开到镇政府大楼，镇长石归田已经带着人站在大门口等着了。一见李总的车，他立刻热情地上来拉开车门，不停地鞠躬，握着李总的手说：“李市长刚来本市，就来石溪镇指导工作。欢迎欢迎，还请原谅失迎之罪！”

王勇大吃一惊。这人是李市长？自己还认为是什么老总呢。听说市里来了个代市长，难道就是他？他不断回忆着今天和李市长打交道所说过的话和做过的事，心里不由得不安起来，连石镇长伸手来和自己握手也没感觉到。

镇上的其他领导不在镇里，只有石镇长一个人向李市长汇报工作。李市长坐在镇政府会议室的主位上，叫大家随意坐下来谈话，但是石镇长还是毕恭毕敬地站着。话题很快就说到了石溪镇的特产——松茸上了。

石镇长说：“今天是李市长到石溪镇的第一顿饭，别的不吃也罢了，松茸可要尝一尝。我们镇政府伙食团的松茸全席做得不错，特色菜有碳烤松茸、松茸石锅鸡、火腿松茸汤等。”王勇心里突突直跳：这伙食团也太高档了吧？按照市价，这一顿饭价值不菲。

李市长微笑：“松茸是个好东西，抗癌防辐射。据说二战时日本广岛遭到原子弹袭击，寸草不生，只有松茸是率先长出来的。”

“没错，没错！”石归田语气暧昧地说，“而且以形补形，益精固本，市场上是供不应求啊！”李市长笑而不语。

司机把那袋松茸放在桌上，说：“好啊。这是李市长亲自买的松茸，就拿去伙食团加工吧。”可能他的力气大了一点，几个松茸摔了出来断裂了，露出里面插着的牙签。王勇的脑袋嗡的一声，不知道怎么办才好。

会议室一阵寂静。石镇长脸上挂不住了，气得七窍生烟，立刻拨通一个电话：“糊涂东西，赶紧送几斤上好松茸来！”

没过多久,一辆车开进了镇政府。一个胖子大大咧咧地闯进了会议室,对石镇长说:“姐夫,什么贵客来了?那么些松茸还不够,还要再送来!”王勇一看,这不是松茸协会的会长邵经理?

石镇长的脸阴得能滴下水来,说:“还不见过李市长?”

邵经理这才看到李市长,得知他居然是新来的代理市长,不由惊讶得张大嘴,连忙哈着腰掏出香烟来递过去。李市长摆摆手。

石归田指着桌子上的松茸问道:“这是你们卖给李市长的松茸?你们工作人员怎么做的验收工作?还不赶快给市长他们退了?”

“李市长您别生气,是我大意了。这些都是上等的松茸,绝对不会有问题的,李市长您先收下!”邵经理一边赔礼道歉,一边把带来的松茸拿上来。李市长看了一眼,奇怪地问:“上等的?这好像是你收的二等品吧?”邵经理的脸一下子红到耳根,尴尬不已:“人工验货,难免……”

石镇长见状,只好打圆场:“这都是我们工作没做好,不过这些老乡也狡猾得很。以前就有人往松茸里塞钉了,我们用金属探测仪检查才杜绝了。没想到现在居然换了牙签,仪器是探不出来的。”

“看不出一个小小松茸,居然还有这么多玄机。”李市长说。

王勇呆呆地在一边坐着,就像热锅上的蚂蚁。没想到邵经理回头看到是他,不由得一步跳了过来,抓住他的领口就说:“李市长,这批松茸是这个王勇交给我们协会的!”

李市长手里摆弄着那些松茸,面色如水:“是啊,我知道是他。所以我带到镇政府,看你们怎么处置。”

王勇见李市长这样说,禁不住吓了一跳,连忙说:“可不是我一个人,大家伙都这样做!”王勇话一落音,石镇长怒喝一声:“一定要严肃处理!石溪镇决不能姑息这样弄虚作假的行为!”

邵经理指着王勇的鼻子说:“你这行为太恶劣了,会砸了我们石溪镇松茸的招牌。姐夫,叫派出所把他抓去拘留。”

王勇一听这话怕了,几乎哭出来:“李市长,我也是不得已啊！松茸一年就这两三个月才有,我们都指望这个挣点钱呢！可是协会给的收购价太低了,又不许外面的商贩来石溪镇收购,我们只能把松茸交给邵经理。装松茸的环保袋是邵经理‘发’给我们的,说是无菌纳米的,一个透明袋子就是十来块。不掺点东西,我们能挣到几个钱啊?”

李市长回头看看石镇长和邵经理,问:“这是怎么回事?”

“松茸现在炙手可热,我们是为了保护石溪镇的经济,防止外乡镇介入囤货,扰乱市场。”石镇长解释,“环保袋也必不可少,这些松茸都是出口到日本的。老乡们认识不够,随手就用盛过农药的袋子、背篓装松茸,导致途中污染。以前就有过这样的情况,海关检测农药残留超标,几十吨的松茸一文不值了!”

李市长点头,看着邵经理说:“你在哪个厂家定做的环保袋？据我所知一个无菌环保袋也就一块钱左右,你的居然十块,要货比三家啊!”

邵经理一下面红耳赤,不断地点头说:“李市长提醒的是,我回去就联系新厂家,争取拿到价格最低的环保袋给乡亲们用!”

李市长赞许地说:“保护石溪镇的松茸市场稳定当然是必要的,但我建议除了本地协会之外,也允许其他经销商同时收购。这样买卖双方都是双向选择,能更好地促进发展。”石镇长不住擦汗,连连点头。

王勇本来一头雾水,现在总算看出新市长是站在他们老百姓这一边的,激动得说不出话来。

李市长到石溪镇的第一把火就这么烧起来了,老百姓都拍手称快。王勇后来悄悄去找过李市长,送给他足足十来斤重的松茸。李市长拒绝了,说:“这松茸我不能收。我需要的时候,会去你们镇上的松茸交易中心购买。”王勇一愣,傻傻地说:“李市长……你买那么多松茸干吗?”

在一旁的司机取下眼镜擦了擦眼角,说:“实话告诉你吧,李市长的爱人得了乳腺癌,不是说松茸是抗癌斗士吗?上次我们来买新鲜松茸,就是给她吃的。”

李市长拍着他的肩膀,开玩笑地说:“你们现在没生产‘牙签松茸’了吧?”

王勇羞愧地红了脸,又感动得红了眼眶,说:“市长请放心。您这样的一等好官,我们百姓当然给您吃一等的松茸!”他暗暗地想,我以后匿名给您寄松茸来,看您怎么退给我?

大象的葬礼

叶慕青是云南大学生物系的学生，最近为了研究亚洲象，频繁跑去动物园大象馆。这天，她刚来到大门口，就看到工作人员杨州和一个中年男子匆匆走出来。杨州年轻热情，一笑就露出两颗洁白的虎牙，他从不掩饰对叶慕青的好感，为了讨她欢喜，不惜违规带她进入大象馆内部参观。见到叶慕青，杨州抱歉地说："今天不能陪你了，有象群在寨子附近出没，我家的香蕉园被糟蹋不少，我得回去看看！"

叶慕青一听激动起来，这可是观察野生大象的好机会，立刻提出一起去。"不行，野象攻击性很强，太危险了！"杨州果断拒绝。叶慕青非常失望，旁边的中年男子连忙打圆场："叶小姐有兴趣同行，也不妨事嘛，我们小心照顾就行了！"那人说自己叫雷鸣，从事野生动物研究工作。叶慕青用期盼的眼神望着杨州，杨州只好答应了。

杨家的香蕉园有二十多亩，一直是大哥杨之阳打理，杨州很少回去。三人赶到现场后只见一片狼藉，即将收割的香蕉被踩得东倒西歪，地上到处是大象凌乱的脚印和粪便。杨之阳看到他们，提着一杆自制猎枪大步走过来，两条剑眉拧在一起："你又回来干什么？"杨州叫了声大哥，说："听说香蕉园被象群破坏不少,我回来看看。”杨之阳冷哼一声:“爸爸临终前把香蕉园交给了我,这里不劳你的大驾。”

杨州似乎很怕大哥,被抢白一顿也不敢辩解。叶慕青看不下去了,挺身而出:“杨州回来是要帮你的,哪里就要分家产了?当真要分,只怕还少不得他这一份,难道回来看看也不行?”杨之阳冷峻地看她一眼,一脸好男不与女斗的不屑,叶慕青毫不客气地瞪回去。大家正感到气氛尴尬,这时传来沙沙声响,远处的香蕉林不断被踩倒,一队约有十来只大象的象群正在慢慢逼近。

杨之阳一见象群,瞬间变了脸色,大家急忙躲了起来。象群进食时依然保持高度警惕,成年大象把两只幼象挤在中间。“快看,那里有只老象!”雷鸣按捺不住兴奋,压低声音惊叫。那只老象的生命烛火即将熄灭,身上已经呈现出干枯的土黄色,耳朵耷拉,眼神迷离缓滞,只有两只长长的象牙依然闪烁着耀眼的光泽。杨州肯定地说:“那头老象活不了几天了,象群很快就会为它举行送葬仪式。”

叶慕青一震,她知道大象是一种有葬礼习惯的动物,除非遭遇横祸,否则它们绝不肯暴尸荒野。每个象群都有自己固定的坟墓,通常隐藏在人迹罕至的深山密林中,老象将死之际会在象群的护送下从容地走向象冢,与祖先的尸骸埋在一起。只是大象的寿命比较长,要遇到一只寿终正寝的大象非常不容易,它们又异常警惕,人们很难真正目睹大象的葬礼。

叶慕青瞬间明白了他们此行的目的,如果能亲历记载大象的葬礼,那将是一笔不可多得的财富。三个爱象的人正沉浸在激动中,忽然砰的一声枪响,空气里顿时弥漫起火药味,象群立刻后退逃散。叶慕青又惊又怒,杨之阳居然开枪了。

“你知道对于研究亚洲象葬礼,这是多么难得的机会吗?你怎么可以开枪?”叶慕青质问。“我不管你们要研究什么,我只知道再耽误下去,我的香蕉园就要绝收了!"杨之阳一脸嫌恶地说,"现在象群离开了,你们也可以走了,恕不远送。"叶慕青气愤不已,倒是杨州和雷鸣还能维持君子风度,拉着她离开了。

三人乘车离开寨子后并没有回市里,绕了一圈又折了回来,在一间木屋前停了下来。木屋里有早就准备好的食物、药品和一些防身武器。叶慕青一头雾水:"这是什么地方?我们不回市里,到这里来做什么?""去参加大象的葬礼。"雷鸣笑笑,掏出一只类似遥控器的东西,上面的红灯不停地闪烁,随时更新目标的最新讯息。

"追踪器!"叶慕青惊喜不已。雷鸣说这种最新的追踪器可以将芯片像发射子弹一样钉在动物身上,刚才杨之阳开枪的时候,他已经锁定了老象。三人换了装备,跟着追踪器钻进了寨子边缘的密林中,走了一天一夜后,进入了人迹罕至的丛林腹地。脚下藤蔓牵绊,举步难行,一开始他们还能隐约看见大象们硕大的屁股和不停摇摆的尾巴,再往里走只能靠追踪器定位了。

雷鸣沿途刻下不少十字形标记,以免迷失返程的路径。三人正走着,雷鸣忽然吸吸鼻子,奇怪地问:"你们有没有闻到酒香?我的酒虫都被勾出来了。"叶慕青仔细分辨一下,空气中果然有一种葡萄酒的醇香,且越往前走香味越浓郁。"说不定前面有家酒坊,快点走吧!"杨州半开玩笑地说。叶慕青纳罕,这里可是原始丛林,见个活人都不容易,当然不可能有人在这开酒坊,可是这股酒香怎么解释呢?

又走了一段路,眼前豁然出现一段连绵不绝的野葡萄沟,紫水晶般的葡萄大串大串地挂在藤蔓上。熟透掉落的葡萄在地上铺了厚厚一层,湿热高温让它们不断发酵,散发出令人沉醉的葡萄酒香。一路走来,大家早就又累又渴,雷鸣摘了葡萄就往嘴里送,吃得汁水四溢。叶慕青刚要上前,杨州悄悄拉住了她的手,轻轻摇了摇头。叶慕青诧异,这时她忽然想到一个奇怪的问题,大象嗜酒,国外曾有大象闯入民宅偷酒喝的报道,它们经过这里怎么没停下来进食呢?

“啊——”雷鸣突然大叫一声,一条浑身布满诡花纹的细蛇正缠在他的手腕上,尖利的毒牙狠狠地刺了下去。雷鸣抽出靴筒里的瑞士军刀将细蛇一划两断,人跟着栽倒在地,脸色紫胀,呼吸急促:“血清,血清……”叶慕青吓得呆住了,回过神来急忙翻出背包里的血清和注射器,杨州却按住了她的手。

“你干什么?”叶慕青愕然。“这种蛇毒能在十秒钟内杀死一头大象,来不及了。”杨州冷静地说。叶慕青扭头去看雷鸣,只见他瞪大双眼,鼻端流出一股污血,已经没有呼吸了。杨州弯腰取了雷鸣身上的追踪器,丝毫不为他的死亡而动容。怪不得杨州不让她去摘葡萄,叶慕青脑海里冒出一个可怕的推测,霍地站了起来:“你早就知道这里有毒蛇,大象都不肯停留进食。你看着雷鸣以身犯险,你想要他死?”

“是他自己运气不好,”杨州坦白地说,“当然,知道象冢的人越少越好,谁会嫌钱多呢?”叶慕青吃了一惊,说:“可是他只想了解大象的葬礼!”杨州不禁失笑:“了解大象的葬礼?慕青,只有你才那么想。雷鸣不是什么动物学家,他研究野生动物是为了走私时卖出更好的价钱。你以为他对大象的葬礼有兴趣?不,他要找的是象冢里积年累月堆积的象牙。”

叶慕青不敢相信自己的耳朵,颤抖着问:“那么你呢?你的目的也是要找象牙吗?”“我不会为了象牙猎杀任何一只大象,但那些墓坑里的象牙不同,就算我不取,年深日久也会消腐。”杨州理直气壮地说,“何况我家对这群大象有恩,它们回报我们也是应该的。”叶慕青瞪大眼睛,这到底是怎么回事?

杨州说他父亲年轻时是一名医生,救过一只受伤的母象。那只母象被猎枪打中左腿,伤口溃烂感染,命悬一线,它跟不上迁徙的象群,带着一头幼象滞留下来。杨州的父亲发现后,替它清理伤口,注射抗生素,悉心照料,并且为母象起名塔娜，幼象就叫巴沙。一个月后，塔娜痊愈了。它们母子与父亲建立了深厚的感情，回归象群后经常来看望父亲。五年前，母象塔娜即将走到生命的尽头，而当年的幼象巴沙已经成为象群的首领了。

“作为多年的朋友，巴沙允许我父亲去为母象塔娜送葬。父亲当时只带出来四根象牙，不仅付清了我大学的费用，还置办了现在的香蕉园！”杨州激动地说，“那是一座取之不竭的宝藏啊！可惜我父亲为人迂腐，他说已经取过一次象牙，再也不肯去第二次。去年他重病去世，把象冢路线的秘密带到了棺材里，不然我早就发财了！”叶慕青被悲哀的真相击中，难过得几乎流下眼泪，立刻要求返程回去。

“慕青，你尽管研究大象的葬礼，我取我的象牙，原定计划并没有任何改变。”杨州耐心地哄她，“你知道我一直都喜欢你，我这么做，也是为了我们以后的生活。”这是杨州第一次向她表白，叶慕青的心柔软下来，抱着一丝希望央求：“跟我一起回去，杨州，不要一错再错了，好不好？”

“现在还不是时候，慕青，我等这一天等了太久！”杨州斩钉截铁地回答。叶慕青甩开他的手，悲愤不已：“那我们只好分道扬镳了，我是不会和一个杀人犯、盗墓贼同流合污的！”说完，叶慕青头也不回地踏上了来时的路。杨州呆立良久，脸上有一种受伤的神情，却始终没有追上来。

叶慕青循着雷鸣刻下的十字标记，一边走一边流泪，心里对杨州极度失望。她只顾低头抹眼泪，忽然听到前面传来脚步声，七八个装备精良的男人不知何时出现在面前。为首的是个大个子光头，皮笑肉不笑地说：“叶小姐和男朋友闹翻了事小，要是一冲动报了警，我们可就白忙活了！”叶慕青吃了一惊，这些到底是什么人？

大个子光头叫成哥，这伙人正是雷鸣背后的势力团伙。成哥生性多疑，非但信不过杨州，对自己的得力手下雷鸣也心存疑虑。他一早就悄悄让人在雷鸣和杨州的背包夹层里安装了定位窃听装备，叶慕青三人进入丛林后发生的一切,成哥都了如指掌。

叶慕青的心沉下去,成哥等人既然知道她的立场,一定不会轻易放过她的。叶慕青不能坐以待毙,她惊叫一声:“有蛇!”就在众人都低头朝下看的当口,叶慕青一头钻进旁边的灌木丛里,两手扒开树枝,踉踉跄跄往前跑去。

“小丫头还想跑,给我抓回来!”成哥恼怒地骂,几个人陆陆续续钻了进来。叶慕青气喘吁吁,忽然被人拦腰抱住,一只手紧紧捂住了她的嘴。两人翻滚着跌进一个深坑里,叶慕青暗想这下完了。这时几个人从他们头顶上方跑过去,很快没了动静。那人松开叶慕青,一双英武的剑眉首先跃入眼帘,居然是杨之阳。

叶慕青非常意外,很快明白了怎么回事。这个杨之阳是个为了几串香蕉就能朝大象开枪的人,现在有象牙可以捡,还能不跟上来?“你偷偷跟来,也是冲着象冢去的吧?那头老象真是荣幸,临死前有这么多人为它送葬!”叶慕青嘲讽地说。杨之阳这次却没恼,笑了笑说:“我的确要到象冢去,却不是偷偷跟着你们。这队象群的首领巴沙是我的老朋友,我一早就到象冢去过,今天算是故地重游,何需借你们的光?”

“你到象冢去过?”叶慕青想起杨州说他父亲五年前去过象冢,急忙问他是不是那一次。杨之阳点点头,说:“当时杨州在外地读大学,父亲又生了病,我一个人支撑不起这个家。塔娜带我们去象冢的时候,我和父亲一人背出来两只象牙。父亲很清楚杨州的脾气,他隐瞒了我也去过象冢的事实,一直声称只有他才知道去象冢的路。”

“之后你再也没去取过象牙吗?”叶慕青直率地问。“没有。”杨之阳肯定地回答,“象冢是大象的禁地,它们视我为朋友,我理应尊重它们。”叶慕青对他改变了看法。杨之阳说杨州和父亲预料的一样,几次三番提出再去象冢一趟,直到父亲在医院弥留之际,他还在追问象冢的下落。“我家的香蕉园每年都要比别人家的更容易招来象群,你知道为什么吗?”杨之阳问。

叶慕青猜测:“是因为巴沙带着象群去拜访你吗?”“不仅如此,大象补充体力需要盐巴,它们对盐巴的气味特别敏感,从不放弃任何吃盐的机会。杨州不止一次在我们家的香蕉园里撒上盐巴,就是为了吸引象群过来,寻找濒临死亡的老象。”杨之阳的话让叶慕青恍然大悟,钦佩之情油然而生:“怪不得你这么反对杨州到香蕉园来,你故意开枪惊走象群,又“无礼”地赶我们走,杨之阳,你才是真正维护象群的人啊!”

“杨州本性不坏,就是一心想发大财,最近又和雷鸣混在一起,还能学什么好?我劝了不知多少次,他还是我行我素。”杨之阳恨铁不成钢地说。“雷鸣已经死了……”叶慕青情绪低落下来,把事情经过讲了一遍。杨之阳悚然变色:“不好,杨州有危险!成哥跟着他找到象冢后,一定会杀了他为雷鸣报仇的!”

叶慕青意识到事情的严重性,毅然决定和杨之阳一起追赶上去,希望能在成哥动手之前救回杨州。两人不敢迟疑,匆匆朝着象冢出发。杨之阳自幼就跟着父亲进山采草药,能在看似相同的山头植物中准确找到参照物,两人很快赶到了象冢边缘。

那是一处毫不起眼的山坳,在周围参天古树的衬托下更容易被忽略。山坳里各种高矮错落的乔木、灌木丛和杂草藤蔓互相交织,形成一道天然屏障。奇怪的是这道屏障像被开出一条奇异的绿色长廊,一直伸向看不见的尽头。杨之阳压低声音说:“象群已经进去了,这就是它们开出的道路。葬礼完成后,大象们会把这些植物恢复原样,不明真相的人很难发觉象冢就在里面。”叶慕青暗暗惊异,大象的智慧远远超出人们的想象。

两人没有发现杨州的踪影,看来他已经跟进象冢了。杨之阳和叶慕青随后进入那条绿色长廊,穿行二十分钟后豁然开朗,来到一片开阔的山谷中。杨之阳拉着叶慕青爬到高处,躲在一块巨石后面张望,只见山谷中央有个巨大的石坑,足有四五米深,里面散落着很多大象的骨骸和象牙。老象此时已经极度衰弱，它扬起长鼻卷住首领巴沙的鼻子纠缠厮磨，然后用这种方式和大家逐一告别。

告别完成后，老象抬头看一眼满天的晚霞，从容地朝石坑跨出一步，贴着石坡滑落下去。巴沙扬鼻鸣叫一声，似乎在发号施令。其他的大象立刻散开，在附近搜集新鲜的树枝、浆果等投进石坑，然后包括两只幼象在内的所有大象都低头垂鼻，气氛庄重而肃穆。“老象活不了太久了，这些食物足够它生前所需。”杨之阳说。叶慕青为之动容，在所有的物种中，恐怕只有大象面对死亡时有这样的豁达和勇气。

象群正在哀悼，突然砰砰几声枪响，叶慕青身边的巨石飞溅起弹壳、石屑。叶慕青吃了一惊，只见成哥一伙人已经赶到，刚刚进入峡谷就朝她开枪了。叶慕青觉得奇怪，她和杨之阳躲在巨石后面，成哥他们又没有透视眼，怎么一进来就发现了呢？

这时，成哥插着腰大骂起来：“姓杨的，你想独自霸占象冢，当我成哥是吃素的吗？”叶慕青和杨之阳瞬间明白了怎么回事，回头一看，杨州正面色苍白地站在他们身后不远，胸口一摊血渍。他张嘴却说不出话来，忽然身体摇晃几下，一头朝峡谷栽了下去。

杨之阳和叶慕青一进来，就被躲在暗处的杨州看在眼里。他趁着大象全神贯注举行送葬仪式，想悄悄爬到他们这边来。哪知成哥等人这时刚好进入峡谷，杨州此时已经完成带路的使命，他又生了独占象冢的私心，还借机杀了雷鸣，成哥哪里还留得了他？

叶慕青看着杨州中枪滚下山坡，只觉得耳边嗡嗡作响，脑海一片空白。她立刻就要下去救杨州，却被杨之阳一把拉住：“如果你还要命，就老实待在这里！”叶慕青很快就明白了他何出此言，成哥等人低估了野象的攻击力。象群经过了最初的惊愕之后，头象巴沙最先反应过来。这伙人闯入它们的禁地，必定图谋不轨。巴沙扬起鼻子卷住一个黑衣男的腰，像倒栽葱一般将他头朝下扔在地上，顿时脑浆迸裂。

成哥等人大吃一惊，一边后退一边砰砰砰不住开枪。几只大象应声倒地，不住翻滚挣扎，呻吟哀鸣，巴沙的腿也被击中了。巴沙一声怒吼，带着剩下的几只母象一拥而上，一伙人有的被象脚踩死，有的被象鼻抡断脊椎骨，哭喊声一片。巴沙用鼻子甩落了成哥的枪，一头抵住了他，尖利的象牙刺穿了他的胸腔，留下两个汩汩流血的窟窿。

这时一只幼象发现了试图挣扎起来的杨州，它歪着脑袋好奇地打量他。幼象的妈妈立刻赶过来保护它，巴沙也走过来，毫不犹豫地用象鼻卷住杨州的腰，打算再来一个倒栽葱。“不！”叶慕青惊恐地大叫。“巴沙，不要！巴沙，巴沙！”杨之阳情急之下连滚带跳滑下去，一把抱住杨州。巴沙认出了杨之阳，非常意外他会在这里出现。

“巴沙，放过他吧！看在我们世交的份上，请你放过他这一次！”杨之阳也不管它能不能听懂，一边哀求，一边从它鼻子里抢出了杨州。巴沙愤怒地喷出粗气，他把杨之阳当成了成哥团伙中的一员，后退两步，举起象牙就要刺过来。象牙刺破杨之阳的衣服后却停了下来，巴沙的长鼻子甩了几甩，转身默默离开。这时它的腿再也支撑不住，歪了两歪，轰然卧倒在地。

叶慕青飞奔下去，从杨之阳手里接过杨州。杨州奄奄一息，吃力地说：“我本来打算发了大财再向你求婚，可惜没有机会了。”“我不稀罕你是不是发了大财，我只想求婚时有999朵玫瑰！”叶慕青红了眼眶，握紧他的手说。杨州挤出一丝笑容，伸手抚摸她的头发，忽然手一松垂落下来，闭上了眼睛。“杨州，杨州！”叶慕青哭喊。杨之阳含泪点燃求助信号，一颗明亮的火球腾地升空，绽出美丽的烟花。

三个月后，叶慕青在墓地遇到了苍白憔悴的杨之阳，那天正是杨州的百天祭。叶慕青带来最新消息，成哥的余党已被宣判入狱，象冢也由当地政府接收发掘。杨之阳沉默半晌，答非所问地说：“你看，没有杨州用盐巴做手脚,香蕉园里极少有大象光顾,又太安静了些。”叶慕青内心酸涩,问:“巴沙回来过吗?”杨之阳摇了摇头,他们都知道已经失去了巴沙的信任,象群永远不会回来了。